Julius Janitsch

Kants Urteile über Berkeley

Julius Janitsch

Kants Urteile über Berkeley

ISBN/EAN: 9783744600088

Hergestellt in Europa, USA, Kanada, Australien, Japan

Cover: Foto ©Thomas Meinert / pixelio.de

Weitere Bücher finden Sie auf **www.hansebooks.com**

Kants Urteile

über

Berkeley.

Dissertation

zur

Erlangung der Doctorwürde

bei der

philosophischen Facultät

der

Kaiser Wilhelms-Universität Strassburg

von

Julius Janitsch.

Strassburg 1879.

Herrn

Prof. Dr. Laas

in dankbarer Verehrung

gewidmet.

Inhalts-Uebersicht.

1. Absicht der Untersuchung: welche Ursachen und Quellen liegen Kants Missurteilen über Berkeley zu Grunde? — Zerstörung moderner, auf Kant zurückgehender Vorurteile gegen Berkeley
2. Aeusserer Anlass zu Kants Ausfällen gegen Berkeley. Die Göttinger Recension.
3. Uebersicht über Berkeleys Lehre.
4. Uebersicht über Kants Idealismus.
5. Uebereinstimmung zwischen Beiden.
6. Differenzen. Kants Vorzüge.
7. Darstellung Berkeleys bei Kant.
8. Kritik dieser Darstellung. Problem.
9. Kants Stellung zum empirischen Idealismus. Die verschiedenen Formen, in welchen Letzterer ihm im Verlaufe seiner Entwickelung entgegengetreten war: a. die positiven, b. die negativen Behauptungen, c. zusammenfassende Charakteristik desselben.
10. Mystik und Schwärmerei bei Kant selbst. — Berkeley unter dem Verdammungschema.
11. Das allgemeine Vorurteil gegen Berkeley zu Kants Zeit. Recension der allgemeinen deutschen Bibliothek. Platner.
12. Hamann.
13. Unzulänglichkeit der genannten Quellen. Berkeley bei Hume.
14. Reid, Beattie, Priestley in ihrem Verhältniss zu Berkeley im Allgemeinen. — Ob Kant englisch verstanden habe.
15. Berkeley bei Beattie.
16. Berkeley bei (Reid und) Priestley.

17. **Abschluss.** Aus welchen Elementen sich **Kant** seine Vorstellung von **Berkeleys** Lehre gebildet. — **Kant** und die Geschichte der Philosophie. Forderung objectiver Beurteilung **Berkeleys**.

Anhang:
Spickers Versuch, **Berkeley** zum Aprioristen zu machen. **Malebranche** und der empirische Idealismus in **Kants** Darstellung. — Beispiele von Vorurteilen gegen **Berkeley** in Frankreich. — **Berkeley** bei **Tetens**. — **Hume** und die kantischen Antinomien. — Der Solipsismus im vorigen Jahrhundert. — **Berkeley** bei **Reid**. Beweis gegen die Kenntnissnahme des Letzteren von Seiten **Kants**.

1. **Berkeley** hatte unter **Kants** weit-gehender Abneigung ganz besonders zu leiden. Wir könnten dies füglich auf sich beruhen lassen, wenn sich diese Abneigung nicht mit einer so wenig zutreffenden Darstellung der **Berkeley**schen Theorie verbunden zeigte, dass die Vermutung eines kausalen Zusammenhanges sich geradezu aufdrängt. Die Missurteile, die **Berkeley** von **Kant** erfuhr, mussten natürlich schon frühe, schon Zeitgenossen **Kants** auffallen. Während man sich jedoch anfänglich darauf beschränkte, ihn gegen die kantischen Angriffe in Schutz zu nehmen [1]), oder auch mit einiger Animosität auf die offenbare Uebereinstimmung beider Philosophen hinzuweisen [2]), fassten neuere Forscher das Problem schärfer in's Auge, und sprachen mehr oder weniger entschieden die Vermutung aus, dass **Kant** seinen idealistischen Vorgänger gar nicht aus eignem Studium kennen gelernt habe [3]). Aber noch immer steht

---

[1]) E. Platner, Lehrbuch der Logik etc. 1795, S. 126. — Herder, Metakritik (vermischte Schriften, Stuttgart u. Tübingen 1830 XVI) S. 229 f.

[2]) A. Schopenhauer, Werke, II., 514 f.

[3]) Ich finde dies zuerst bei Riehl (der philos. Kriticismus. 1876, I., 161) angedeutet, welcher der Meinung ist, „dass von einer gelegentlichen Kenntnissnahme abgesehen, **Kants** Aufmerksamkeit erst durch die bekannte Garvesche Recension der Vernunftkritik auf **Berkeley** gelenkt worden sei."

B. Erdmann (Kants Prolegomena, 1878, Einleitung LXXVI) geht schon weiter, wenn er sich äussert: „Allerdings folgt aus dem, was **Kant** über **Berkeley** sagt, dass er denselben nicht aus eigenem Studium kennt."

die Frage offen, ja, ist noch von Niemanden in völliger Bestimmtheit aufgeworfen worden: wie sich denn Kants befremdliche „Furcht vor dem Berkeleyschen Idealismus"[1], die ihn zu jener fast blinden Opposition getrieben, erklären lasse; was ihm denn die „ungenaue Auffassung der Berkeleyschen Doktrin"[2] vermittelt habe; auf welche Quellen, welche Gewährsmänner er sich dabei etwa habe berufen können.

Diese Frage nun in Angriff zu nehmen, und gestützt auf innere Gründe, wie zugängliche äussere Quellen, der Entscheidung näher zu bringen, ist die Aufgabe der vorliegenden Abhandlung.

Es ist also nicht unser Zweck, etwa Berkeleys und Kants Systeme einander vergleichend gegenüber zu stellen und auf ihre Verwandtschaft und Wert hin zu prüfen; und wenn eine solche Zusammenstellung dennoch hier nicht zu umgehen sein wird, so wird dieselbe eben keinen andern als den bloss präparativen Wert eines Mittels zur Erreichung der angedeuteten Absicht haben.

Noch ein Weiteres hoffen wir dabei zu erledigen. Ein eigentümliches Missgeschick verfolgt seit langem den irischen Philosophen. Klagte doch schon 1799 Herder[3]: „Berkeleys System ist von Wenigen gekannt; noch öfters wirds missverstanden." Und forschen wir, was ihm diese Klagen auspresste, so weist der Zusammenhang, in welchem sie stehen, auf Kants Ausführungen und Ausfälle in der Kritik der reinen Vernunft. Dass sein Mahnruf ungehört verhallte, geht daraus hervor, dass 77 Jahre später ein mit Recht gefeierter

---

[1] Schopenhauer a. a. O. 530.
[2] Die nicht so nahe lag, als Ueberweg (Grundriss, 4. Aufl. III., 193) annimmt.
[3] a. a. O. S. 209a.

Autor versichert, Berkeley habe die ganze Erscheinungswelt für eine einzige grosse Sinnestäuschung angesehen [1]). Das Verwunderlichste ist aber: der Gewährsmann für diese Behauptung ist wieder Kant; zum wenigsten werden einige Seiten später [2]) seine Worte: „Der Satz aller ächten Idealisten" etc. [3]) beifällig angeführt. Es liessen sich noch mehrere ganz gleiche Fälle neuesten Datums herbeibringen. Wollten wir dagegen dem so misshandelten Berkeley zu Hilfe kommen, so würde der Hinweis auf seine, heute so leicht zugänglichen Schriften wenig nützen. Kants Autorität deckt — zumal bei seinen Jüngern — auch dieses Vorurteil. Bei Kant also müssen wir einsetzen, um letzteres zu zerstören. Und zwar dürfte sich hierzu (wie immer bei der Bekämpfung eingewurzelter Irrtümer) nichts wirksamer erweisen, als eben die Aufdeckung der Genesis von Kants so wunderlich gearteter Ansicht der Berkeleyschen Lehre.

2. Wir müssen zu dem Zweck auf die bekannte (um nicht zu sagen berüchtigte) Garve-Federsche Recension der Kritik der r. V. in den Göttingischen gelehrten Anzeigen zurückgreifen. Daselbst fand Kant neben dem Vorwurf des „höheren Idealismus" eine flüchtige Parallele zwischen ihm und Berkeley. Beides weist er gereizt zurück; und von da an beginnt seine Polemik gegen Berkeley, deren Spuren sich in den Prolegomenen, in Zusätzen zur zweiten Auflage der Kritik d. r. V. und anderwärts bemerkbar machen. Und doch war jene Parallele recht harmlos gewesen; als verwandt mit Berkeley war nur die Lehre von den Empfin-

---

[1]) F. A. Lange, Geschichte des Materialismus. 3. Aufl. II, 4.
[2]) ebendas. 10.
[3]) Vgl. Kants Werke, Hartenstein IV, 122 und S. 18a dieser Abhandlung.

dungen als blossen Modifikationen unserer selbst bezeichnet [1]). Dies konnte ihn unmöglich so sehr in Harnisch bringen. Offenbar griff er die Zusammenstellung mit Berkeley überhaupt auf: wie weit sie durchgeführt, wie motivirt ward, scheint ihn weiter nicht berührt zu haben. Sollten sich etwa tiefere Gründe bei Berkeley selbst finden? Eine Gegenüberstellung und Vergleichung der beiden Systeme in ihren Hauptzügen muss hierauf Antwort geben.

3. Religiöse Motive waren es bekanntlich, welche Berkeleys Spekulation bestimmten. Der Glaube an die absolute Existenz der Materie däuchte ihm die Hauptstütze des Atheismus, wie „des Götzendienstes in allen seinen mannigfachen Formen" [2]). Um nun den Glauben an die religiösen Objecte, an Gott etc. zu retten, wollte er den an die Materie zerstören. Anknüpfend an Lockes Sensualismus zog er entschlossen dessen Consequenzen, und indem er die Subjectivität von den secundären Eigenschaften auf die primären ausdehnte, gelangte er zum radikalen Immaterialismus. Alle Erkenntnissobjecte lösen sich ihm so zu sagen in Ideen auf. Die Dinge sind Ideencomplexe; ihr Sein besteht im Wahrgenommenwerden. Nicht anders ist es mit den Ideen von Raum und Zeit (und Bewegung), welche uns eben nur als Ingredienzien der Wahrnehmungsobjecte zukommen und demgemäss auch nur subjective, und zwar empirische Ideen sind. Selbstverständlich war er nicht gemeint, damit die Wahrnehmungswelt unserem Belieben preiszugeben; vielmehr scheidet er ausdrücklich die Ideen in will-

---

[1]) Göttingische gelehrte Anzeigen, Zugabe, 3. Stück. 19. Januar 1782, S. 41.

[2]) Berkeleys Abhandlung über die Principien der menschlichen Erkenntniss, übs. v. Ueberweg, phil. Bibliothek v. Kirchmann XII. 1869. sec. 94.

kürliche, durch freie Phantasietätigkeit gebildete, „Ideen im eigentlichen Sinn", und unwillkürliche, „den Sinnen gegenwärtig eingeprägte", deren Kriterium er in der grösseren Stärke. Beständigkeit, Ordnung und Zusammenhang findet. Da er nun nach der Ursache und Herkunft dieser letzteren forscht, und sie nicht mehr wie Locke in einer an sich existirenden Welt der Dinge suchen kann, schiebt er sie kurzweg Gott zu. Göttlicher Willkür sind die Naturgesetze anheimgestellt, denen somit keine absolute Notwendigkeit zukommt; Gott richtet den Lauf der Begebenheiten so ein, wie er zur Erhaltung unseres Lebens am dienlichsten ist. — Der Vergleich mit Malebranche liegt nahe; jedoch Berkeley selbst verwahrt sich gegen eine Zusammenstellung mit jenem durch den Hinweis auf dessen „Materialismus", d. h. seinen Glauben an die absolute Existenz der Materie [1]. — Wie die Naturgesetze, so stehen ihm auch die Wissenschaften in engster Beziehung zu den Forderungen des praktischen Lebens. Insbesondere muss sich die Mathematik grosse Einschränkung gefallen lassen und sich aller „mühevollen Spielereien" enthalten, die „nicht der Praxis dienen und den Vorteil des Lebens befördern" [2]. Letzter und höchster Zweck aller Forschung ist aber die Erkenntniss und Verherrlichung des Schöpfers [3].

4. Wenden wir uns andererseits zur Betrachtung von Kants Idealismus, so ist es auch hier nötig zu berücksichtigen, auf welchem Wege Kant zu demselben gelangte, bezw. welche Voraussetzungen ihn dazu trieben. Kants Absicht war gegenüber dem Dogmatismus der Wolffschen Schule, wie dem Empirismus der Engländer

---

[1] Ebd. sec. 53.
[2] sec. 119.
[3] sec. 109 u. ö.

(Hume), auf Kritik des Vernunftvermögens gerichtet[1]). Die „dogmatisch schwärmende Wissbegierde" nötigte zur Läuterung unserer Vernunft, der in Skepsis auszuschlagen drohende Empirismus zur Befestigung der Grundlagen notwendiger und allgemeingültiger Erkenntniss[2]). So erklärt sich die Betonung der „empiristischen" Seite seines Idealismus, der Einschränkung aller Erkenntniss auf die Erscheinungswelt, aus der ersten Tendenz, und wiederum die Hervorhebung der aprioristischen Elemente aus der zweitgenannten. — Die Bedingungen aller möglichen Erfahrung, so lehrt er, liegen in uns apriori. Zunächst die reinen Formen der Anschauung, welche erst Erscheinung ermöglichen, sodann die reinen Verstandesbegriffe, welche die Wahrnehmungsurteile zur Erfahrung erheben. Beides aber involvirte den Idealismus. Er war die Consequenz der Subjectivität der Anschauungsformen, wie die notwendige Voraussetzung der objectiven Gültigkeit und gesetzgeberischen Kraft der reinen Verstandesbegriffe.

5. Nun ist freilich in der Fassung dieses Idealismus an manchen Stellen der 1. Auflage der Kritik der reinen Vernunft die Aehnlichkeit mit dem Berkeleyschen so unverkennbar, dass ein Referent, der sich nur an diese Seite der neuen Lehre hielt, sich leichtlich zu einem Vergleich herausgefordert fühlen mochte. Wenn Berkeley lehrte, das ganze Weltgebäude habe keine Subsistenz ausserhalb des Geistes, so wird von Kant „klar gezeigt, dass, wenn ich das denkende Subject wegnehme, die ganze Körperwelt wegfallen muss, als die nichts ist, als die Erscheinung in der Sinnlichkeit unseres Subjects und eine Art Vorstellungen desselben[3])." Und

---

[1]) Vgl. Krit. d. r. Vernunft. Hartenstein III.
[2]) Ueber diese Doppeltendenz der Kritik s. Laas, Kants Analogien der Erfahrung. Berlin 1876, S. 204 f.
[3]) III 606.

wenn Kant schliesst: es „existiren eben sowol äussere Dinge, als ich selbst existire, und zwar beide auf das unmittelbare Zeugniss meines Selbstbewusstseins" [1], so stützt sich auch Berkeley auf das Argument: „von meinem eigenen Geist und meinen eigenen Ideen habe ich eine unmittelbare Kenntniss" [2], und „ich könnte eben sowol an meinem eigenen Dasein zweifeln, als an dem der Dinge, die ich gerade sehe und fühle" [3].

Berkeleysche Färbung trägt ferner jene so empiristisch lautende, „vortrefflich formulirte Regel" [4]: „Was mit einer Wahrnehmung nach empirischen Gesetzen zusammenhängt, ist wirklich" [5]. Man vergleiche damit nur die Erläuterung, welche Berkeley der Aufzählung verschiedener Fälle von Sinnestäuschung folgen lässt: Der Irrtum, der dabei mit unterlaufe, liege niemals in der unmittelbaren Wahrnehmung, „sondern in dem verkehrten Urteil, das wir dabei rücksichtlich der Ideen fällen, die wir mit jenen unmittelbar wahrgenommenen in Verknüpfung wähnen" [6]. Der Zusammenhang, die Verknüpfung (der Context, wie es bei Kant an einer anderen Stelle heisst) der Wahrnehmungen ist hier wie dort das entscheidende Merkmal. — Bei flüchtiger Betrachtung wäre man vielleicht sogar versucht, in Kants Lehre von Raum und Zeit Aehnlichkeiten mit der Berkeleys zu erblicken. Auch Berkeley erkannte beiden keine transscendente Realität zu. Zumal seine Definition des „reinen Raumes" als allseitige Bewegungsmöglichkeit erinnert an die kantische vom

---

[1] Ebd. 599.
[2] B. works, ed. Fraser, Oxford 1871, I. 326.
[3] Ebd. 325, vergl. Principien, sec. 88.
[4] Laas a. a. O. 191.
[5] Kant III., 602.
[6] III., 334.

absoluten Raum, „als der blossen Möglichkeit äusserer Erscheinungen, sofern sie entweder an sich existiren oder zu gegebenen Erscheinungen noch hinzukommen können"[1]). Aber wie wenig Gewicht bei genauerem Hinsehen auf diese scheinbare Uebereinstimmung zu legen ist, wird sich an einer späteren Stelle ergeben, wo wir uns ausschliesslich mit Betrachtung der Differenzen beider Systeme beschäftigen werden. — Grösseren Nachdruck möchten wir auf die bei Kant nicht schwächer als bei Berkeley ausgeprägte mystische Grundstimmung legen. Hier ist, trotz der Wegwerfung, mit welcher Kant stets des Mysticismus der Idealisten gedenkt, ein gewissermassen neutraler Boden, auf welchem sich die Gegner friedlich zusammenfinden. Wir werden, was Kant betrifft, diesen Punkt später eingehender zu betrachten haben. Hier genügt der Hinweis auf Kants Streben, Metaphysik zu retten. Berkeleys offen ausgesprochene Absicht war Rettung des bedrängten Glaubens: was will Kants Metaphysik im Grund anders? Gott, Freiheit und Unsterblichkeit sind die drei grossen Fragen, um die es sich hier letztlich handelt; denen zu liebe Kant entschlossen das Wissen aufhebt, „um zum Glauben Platz zu bekommen." In der Consequenz dieses Standpunktes liegt es, dass Kant auch in dem Anspruch, dem Materialismus, Fatalismus, Atheismus u. s. w. die Wurzel abgeschnitten zu haben, mit Berkeley zusammentrifft[2]). Dagegen dürfte die eigentümliche Uebereinstimmung Beider in der Berufung auf das Vorbild der Copernikanischen Weltbetrachtung mehr einem neckischen Zufall entsprungen sein.

6. Wenn nun auch der Vergleichungspunkte in beiden Systemen genug vorhanden waren, die Kant

---

[1]) III., 307 a.
[2]) III., 27, vgl. Berkeley, Princ. sec. 92 u. ö.

nicht hätte übersehen dürfen, so war es verzeihlicher, wenn dies von ihm, der das Neue, Eigentümliche seiner Lehre vorzugsweise im Auge hatte, geschah, als wenn sein Recensent, der, ohne ihn zu verstehen, ihn zu meistern versuchte, die tiefen Differenzen verwischte, welche Kant doch so entschieden von Berkeley zu trennen geboten. Es ist unumgänglich, dass, wie wir die Aehnlichkeiten heraussuchten, wir auch auf diese Differenzen einen Blick werfen.

Berkeley verliess zu bald den kritischen Weg, auf welchem ihm Locke vorangeschritten, und wagte sich in ein Gebiet, wohin ihm Erfahrung nicht zu folgen vermochte. Dort fand er das absolute Ich nebst den andern analog gedachten Geistern und vor Allem seinen Gott. Kants intensivste Bemühungen waren dagegen zunächst der Kritik des Erkenntnissvermögens zugewandt. Wissen, fand er, gibt es nur innerhalb der Grenzen möglicher Erfahrung. Darum verweist er die transscendenten Fragen in Betreff Gottes, der Freiheit und der Unsterblichkeit aus dem Gebiete der theoretischen in das. der praktischen Vernunft. Durch die Prüfung des Erkenntnissvermögens ward er auf die Scheidung von Sinnlichkeit und Verstand, und innerhalb der ersteren von Form und Stoff, geführt. Diesen Punkt hatte Berkeley nicht berücksichtigt. Nach ihm wird der ganze Inhalt der Erkenntniss nach Stoff und Form gleich passiv vom Geist aufgenommen; so grossen Nachdruck er sonst auf die Activität des Geistes legt. „Ein Geist ist ein einfaches, unteilbares, tätiges Wesen, welches, sofern es Ideen percipirt, Verstand, und sofern es sie hervorbringt oder anderweitig in Bezug auf sie tätig ist, Wille heisst"[1]). Genauer wird diese Art von Tätigkeit beschrieben: „Ich finde, dass ich

---

[1]) A. a. O. sec. 27, vgl. s. 138.

Ideen in meinem Geiste nach Belieben hervorrufen . . .
kann . . . Ich brauche nur zu wollen, und sofort taucht
diese oder jene Idee in meiner Phantasie auf, und durch
dieselbe Kraft tritt sie ins Unbewusstsein zurück und
macht einer andern Platz. Dieses Produciren und Aufheben von Ideen berechtigt uns, den Geist recht eigentlich activ zu nennen"[1]). Aber sofort wird auch die
Schranke dieser Activität gezogen: "was für eine Macht
ich auch immer über meine eignen Gedanken haben
mag. so finde ich doch, dass die Ideen, die ich gegenwärtig durch die Sinne percipire, nicht in einer gleichen
Abhängigkeit von meinem Willen stehen"[2]) u. s. w. —
Anders Kant: "Wenn ich . . . dem Sinne desswegen,
weil er in seiner Anschauung Mannigfaltigkeit enthält,
eine Synopsis beilege, so correspondirt dieser jederzeit
eine Synthesis, und die Receptivität kann nur mit Spontaneität verbunden Erkenntnisse möglich machen"[3]). Dies
ist freilich die Sprache des Rationalisten, die Berkeley
nicht führen konnte. Es wird nun auch klar, wesshalb
uns die Aehnlichkeit in der Lehre von Raum und Zeit
so geringfügig erscheinen musste. Die Anerkennung,
dass sie beide bloss subjectiv sind, würde unsere Erkenntniss aufs Schwerste gefährden, käme nicht die
Apriorität und damit Notwendigkeit und Allgemeingültigkeit hinzu. Für Berkeley jedoch waren sie
nicht wie für Kant "die notwendigen Bedingungen aller
(äusseren und inneren) Erfahrung, bloss subjective Bedingungen aller unserer Anschauung"[4]), sondern er bekennt:
"Jedesmal, wenn ich versucht habe, eine einfache, von
der Ideenfolge in meinem Geist abstrahirte Idee der

---

[1]) Ebd. sec. 28.
[2]) Ebd. sec. 29.
[3]) III., 566.
[4]) III., 76.

Zeit zu bilden, die gleichmässig verfliesse, und an der alle Dinge Teil haben, habe ich mich in unauflösbare Schwierigkeiten verwickelt und verloren. Ich habe überhaupt keinen Begriff von ihr"[1]. Und „ebenso verlieren wir, wenn wir versuchen, Ausdehnung und Bewegung von allen anderen Eigenschaften abzulösen und für sich zu betrachten, dieselben aus dem Gesicht"[2]. Wie also „die Zeit nichts ist, wenn wir absehen von der Ideenfolge in unserm Geiste"[3], so „können wir nicht einmal eine Idee eines reinen Raumes mit Ausschluss aller Körper bilden"[4]. Das heisst — und hier liegt der grosse Unterschied zwischen Berkeley und Kant — Raum und Zeit sind empirische Ideen[5]. — Auf die Subjectivität derselben gründete, wie erwähnt, Kant seinen Idealismus. Eben weil sie subjective Formen sind, können sie uns die Dinge nur zeigen, wie sie uns erscheinen, nicht wie sie an sich sind. Die Existenz von Dingen an sich blieb mithin unangetastet, wenn sie auch für die Erkenntniss weiter nicht in Betracht kam. Berkeley dagegen war es um Beseitigung dieser Dinge an sich ganz besonders zu tun: „Ideen, welche den Sinnen eingeprägt sind, sind wirkliche Dinge, oder existiren wirklich; dies leugnen wir nicht; aber wir leugnen, dass sie ausserhalb der Geister, welche sie percipiren, selbständig bestehen, oder dass sie Abbilder von Urbildern seien, welche ausserhalb des Geistes existiren"[6]. — Indess, eine ungleich tiefergehende Differenz wird durch die Annahme der Apriorität der Anschauungs- und Denkformen von Seiten Kants gebildet. Denn hierdurch

---

[1] A. a. O. sec. 98.
[2] Ebd. sec. 99. Vgl. s. 10.
[3] Sec. 98.
[4] Sec. 116.
[5] S. Anhang S. 44.
[6] Sec. 90.

fühlte Letzterer sich autorisirt, selbst innerhalb der Erscheinungswelt von notwendiger und allgemeingültiger Erkenntniss zu sprechen, ja sogar die obersten Naturgesetze von unserem Verstand abhängig zu machen, was Alles auf Grund Berkeleyscher Principien unmöglich war. Für Berkeley waren die Dinge Ideen, nichts weiter, und an den Formen, in denen sie uns erschienen, war das erkennende Subject ebensowenig beteiligt, wie an der an ihnen constatirten Gleichförmigkeit. Da er aber nicht das Bedenken Kants teilte, von der Wirkung auf die Ursache zu schliessen, glaubte er sich berechtigt, als Ursache der Tatsächlichkeit wie Gesetzmässigkeit der Ideen Gott anzusetzen. Dass alsdann von einer Notwendigkeit der Gesetze nicht mehr die Rede sein konnte, erkannte Berkeley selbst bereitwilligst an: „Durch eine sorgsame Beobachtung der in unsern Gesichtskreis fallenden Erscheinungen können wir die allgemeinen Gesetze der Natur erkennen und aus ihnen die anderen Erscheinungen herleiten, ich sage nicht als notwendig erweisen; denn alle Herleitungen dieser Art sind abhängig von der Voraussetzung, dass der Urheber der Natur stets gleichmässig handle unter beständiger Beobachtung jener Regeln, die wir für Principien ansehen, und das können wir doch nicht mit Sicherheit wissen" [1]. Andererseits haben wir aber auch „nicht Ursache, den festgestellten Naturgesetzen zu misstrauen" [2]. Kant hätte natürlich bei seinem Drange, möglichst Viel zu rationalisiren, solche Grundlage nicht genügt. Allein hier kommen die verschiedenen Ziele Beider in Betracht. Ihm war es (mochten auch fremde Tendenzen mit unterlaufen) doch wirklich um Wissenschaft zu tun, die ihm nun einmal nur auf aprioristischem Boden möglich schien;

---

[1] Sec. 107, 1.
[2] Sec. 58.

Berkeley genügte es, eine für die praktischen Bedürfnisse des Lebens hinreichende Basis gefunden zu haben. Und dazu reichten seine empirischen Gesetze gewiss vollständig aus. Wenn Kant bei aller Anerkennung der Unendlichkeit der wissenschaftlichen Aufgabe doch den hoffnungsvollen Ausspruch wagte: „Ins Innere der Natur dringt Beobachtung und Zergliederung der Erscheinungen, und man kann nicht wissen, wie weit dieses mit der Zeit gehen werde"[1]) — so sieht Berkeley gerade dieses „weit gehen" unwissenschaftlich genug mit scheelen Blicken an; ihm scheint es „bei der Lesung des Buches der Natur unter der Würde des Geistes zu sein, allzusehr nach Exactheit in der Zurückführung jeder einzelnen Erscheinung auf allgemeine Gesetze oder in dem Nachweis, wie sie aus denselben folge, zu streben. Wir sollten uns edlere Ziele stecken, unseren Geist erfrischen und erheben durch einen Blick auf die Schönheit, Ordnung, Fülle und Mannigfaltigkeit der Naturobjecte, dann durch richtig hierauf gebaute Schlüsse unsere Begriffe von der Grösse, Weisheit und Güte des Schöpfers erweitern, und zuletzt die verschiedenen Teile der Schöpfung, soweit dies bei uns steht, den Zwecken dienstbar zu machen, zu welchen sie bestimmt sind, nämlich Gottes Ehre und Erhaltung und Schmückung des Lebens für uns und unsere Mitgeschöpfe"[2]). Somit wäre denn zu guter Letzt durch Einführung der Zweckmässigkeit, die für Kant doch nur regulative Maxime ist, als constitutives Princip der Uebergang in die Theologie bewerkstelligt.

Es liesse sich denken, dass, sobald Kant dieser Lehre begegnete, ihm sofort diese wichtigen Differenzen und damit seine Vorzüge (oder was er dafür hielt) wie

---

[1]) III., 235.
[2]) A. a. O. sec. 109.

in einen Moment zusammengedrängt vor Augen traten. Da ihm klar sein musste, dass durch Principien, wie sie Berkeley vertrat, dasjenige, was ihm als das Gewisseste und Zuverlässigste galt, reine Mathematik und reine Naturwissenschaft, in Frage gestellt würde, so wäre seine Abneigung gegen Berkeley durchaus nicht befremdlich, und es liesse sich wol begreifen, dass er gegen den Versuch einer Zusammenstellung seines und des Berkeleyschen Systems energisch protestirte. Unerklärt bliebe dann nur die Geringschätzung, die sich besonders in dem Worte vom „guten Berkeley"[1] so unverhohlen ausspricht. Sehen wir indess erst, wie sich die Lehre Berkeleys bei Kant darstellt, so wird dieser Punkt sich alsbald von selbst erledigen; freilich nur indem neue Probleme an seine Stelle treten.

7. Folgendes Bild gewinnen wir von Berkeley, wenn wir die zerstreuten Bemerkungen Kants über ihn in einen gewissen Zusammenhang zu bringen versuchen.

Es gibt nur denkende Wesen; alle Wahrnehmungsobjekte sind nur Vorstellungen, und zwar empirische, in denselben. Empirisch ist aber auch der Raum, der ebenfalls nur als Erscheinung im Subject, nicht absolut existirt. Dadurch aber, und weil Berkeley überhaupt keine apriorischen Formen annimmt, verwandelt sich ihm die ganze Erfahrung in blossen Schein. Denn (so etwa schloss Berkeley) gäbe es einen objectiven Raum, so käme er den Dingen an sich zu; von diesen aber haben wir keine Erfahrung, sondern kennen nur Dinge als Erscheinungen; also ist die vorausgesetzte Objectivität des Raumes eine Illusion. Wenn nun dieser sammt den Erscheinungen in ihm nur empirisch ist, so kann es in der Erfahrung keine notwendigen und allgemein giltigen Gesetze geben; und der Schluss auf

---

[1] III., 78.

die Trüglichkeit aller Erkenntniss ist unausweichlich. Eine gründlichere Ausführung des Berkeleyschen Systems hätte noch zu weit schlimmeren Consequenzen führen müssen. Hätte nämlich Berkeley die Zeit ebenso berücksichtigt wie den Raum, so hätte er auf Grund einer ähnlichen Schlussfolgerung wie dort unsere eigene Existenz für Schein erklären müssen. Dies tat er zwar nicht, weil er seine Untersuchungen nicht auf die Zeit ausdehnte; aber er kam doch nicht über den theoretischen Solipsismus hinaus. — Da er nun so vor dem bodenlosen Skepticismus gestellt war, ergriff er jenen bedenklichen Ausweg, den einst Platon gezeigt: Angesichts der tatsächlich stattfindenden Erkenntnisse a priori nahm er seine Zuflucht zur intellectuellen Anschauung einerseits, und zu den „Ideen des reinen Verstandes und Vernunft" andererseits [1]).

---

[1]) Prolegomena (IV. 37): „Der Idealismus besteht in der Behauptung, dass es keine anderen als denkende Wesen gebe; die übrigen Dinge, die wir in der Anschauung wahrzunehmen glauben, wären nur Vorstellungen in den denkenden Wesen, denen in der Tat kein ausserhalb diesen befindlicher Gegenstand korrespondirte"; — ebendas. 122: „Raum und Zeit, sammt Allem, was sie in sich enthalten, sind nicht die Dinge oder deren Eigenschaften an sich selbst, sondern gehören bloss zu Erscheinungen derselben;.... vornehmlich Berkeley sah den Raum für eine bloss empirische Vorstellung an, die ebenso, wie die Erscheinungen in ihm, uns nur vermittels der Erfahrung oder Wahrnehmung, zusammt allen seinen Bestimmungen bekannt würde; ..... hieraus folgt, dass, da Wahrheit auf allgemeinen und notwendigen Gesetzen, als ihren Kriterien beruht, die Erfahrung bei Berkeley keine Kriterien der Wahrheit haben könne, weil den Erscheinungen derselben (von ihm) nichts a priori zum Grunde gelegt ward, woraus denn folgte, dass sie nichts, als lauter Schein sei." —

Kritik d. r. V. (III., 78): „wenn man den Raum und die Zeit als Beschaffenheiten ansieht, die ihrer Möglichkeit nach in Sachen an sich angetroffen werden müssten, und überdenkt dann die Ungereimtheiten, in die man sich alsdann verwickelt, indem zwei unend-

Kant glaubt sich daher in vollem Recht, wenn er Berkeley einen schwärmerischen, mystischen und dogmatischen Idealismus vorwirft, der in diesen Punkten nur noch von dem „träumerischen" des Swedenborg überboten werde [1]).

8. Von Schwärmerei und Mysticismus stack nun allerdings ein gutes Teil in Berkeley. Wenn erstere so viel heisst, als Ueberschreitung der Befugnisse, sei es des Verstandes oder der Sinnlichkeit [2]), so lag eine solche unzweifelhaft vor in der Ansetzung einer absoluten Seelensubstanz, wie in der einer Mehrzahl percipirender Geister; mystisch dagegen im höchsten Grade war die 'Hereinziehung Gottes in das System. Auch nach anderen Seiten erweist sich Kants Darstellung als zutreffend, und zwar, kurz gesagt, in den Punkten

---

liche Dinge, die .... etwas .... Existirendes, ja die notwendige Bedingung der Existenz aller Dinge sein müssen, auch übrig bleiben, wenn gleich alle existirende Dinge aufgehoben werden, so kann man es dem guten Berkeley wol nicht verdenken, wenn er die Körper zu blossem Schein herabsetzte, ja es müsste sogar unsere Existenz, die auf solche Art von der für sich bestehenden Realität eines Undinges, wie die Zeit, abhängig gemacht wäre, mit dieser in lauter Schein verwandelt werden"; —

Prol. (IV., 122): „Die Zeit, auf welche Berkeley nicht Acht hatte." — IV., 502: „Berkeley .... leugnet das Dasein aller Dinge ausser dem des Behauptenden." —

Ebendas. 123 a: „Der ganze schwärmerische Idealismus, der immer (wie auch schon aus dem Plato zu ersehen) aus unseren Erkenntnissen a priori (selbst denen der Geometrie) auf eine andere (nämlich intellektuelle) Anschauung, als die der Sinne schloss." —

Ebend. 122: „Der Satz aller ächten Idealisten, von der eleatischen Schule an bis zum Bischof Berkeley, ist in dieser Formel enthalten: „alle Erkenntniss durch Sinne und Erfahrung ist nichts, als lauter Schein, und nur in den Ideen des reinen Verstandes und Vernunft ist Wahrheit."

[1]) Vgl. IV. 42.
[2]) Vgl. Kants Urteil über Locke, Krit. d. r. V. (III., 113).

welche Berkeleys empirischen Phänomenalismus constatiren. Falsch jedoch ist 1) die Behauptung, für Berkeley seien die Körper blosser Schein, Einbildung — wir erinnern uns: sie sind für ihn wirkliche Dinge; zwar nur Vorstellungen, aber auf äusserer (göttlicher) Einwirkung beruhend. Falsch ist 2) die Unterstellung, Berkeley habe dieses (von uns soeben als nicht Berkeleysch bezeichnete) Urteil auf seine Raumlehre gegründet. — Berkeley nimmt zwar einmal einen Anlauf, der entfernt an die aus Kant angezogene Stelle erinnern könnte, wesshalb die betreffenden Sätze hier folgen mögen: „Werden [Farbe, Gestalt, Bewegung, Ausdehnung etc.] als Merkmale oder Bilder betrachtet, die in Beziehung stehen zu Dingen oder Urbildern, welche ausserhalb des Geistes existiren, dann verfallen wir alle in Skepticismus ... Was Ausdehnung, Figur oder Bewegung irgend eines Dinges wirklich und absolut oder an sich seien, ist uns unmöglich zu erkennen .... Während die Dinge unverändert bleiben, wechseln unsere Ideen, und welche von diesen die wirklich in dem Dinge existirende wahre Qualität repräsentiren, oder ob irgend welche derselben überhaupt diese repräsentiren, ist eine uns nicht erreichbare Erkenntniss, so dass, so weit wir darüber zu urteilen vermögen, Alles, was wir sehen, hören und fühlen, ein blosses Phantom und eine eitle Chimäre sein und nicht im mindesten mit den wirklichen Dingen, welche in rerum natura existiren, übereinstimmen mag"[1]). So weit scheinen die Worte auf das hinaus zu kommen, was Kant von Berkeley behauptet: Dass dieser „den Raum, mit allen den Dingen, welchen er als unabtrennliche Bedingung anhängt, für etwas, was an sich unmöglich sei und darum auch die Dinge im Raum für blosse Einbildungen erklärt"[2]) — machte nicht

---
[1]) A. a. O. sec. 87.
[2]) III., 198.

der Nachsatz bei **Berkeley** solche Rettungsversuche zu
nicht: „Alle diese Anzweiflung folgt aus der Voraussetzung, dass ein Unterschied zwischen Dingen und
Ideen bestehe, und dass die ersteren ein Bestehen ausserhalb des Geistes oder unwahrgenommen haben." Also
die Dinge sind, wenn gleich nur Ideen im vorstellenden
Subject, doch nichts weniger als Phantome: sie haben
keine absolute Existenz, folglich auch der Raum (d. h.
ihre Ausdehnung) nicht. **Berkeley** macht die Unterscheidung zwischen Ding und Erscheinung nicht, wesshalb auch die skeptische Folgerung keine Geltung für
ihn hatte. Aber, wendet **Kant** ein (und dies ist der
3. Punkt, den wir in **Berkeleys** Namen zurückweisen
müssen). **Berkeley** hatte keine Kriterien der Wahrheit
— wäre dies zutreffend, dann allerdings wäre **Berkeley** ganz und gar der **Kant**schen Kritik verfallen;
dann wären seine „Dinge", die nur im percipi existiren, wirklich nichts weiter als subjective Einbildungen,
und von irgend welcher Erkenntniss wäre nicht mehr
die Rede. Tatsächlich jedoch fehlen bei **Berkeley**,
wie wir wiederholt bemerkten, nur die apriorischen
Wahrheiten, und er kennt nur solche Kriterien der Erfahrung, welche selbst aus der Erfahrung gewonnen
werden. **Kant** mochte daraus folgern, dass für **Berkeley** die Erfahrung keine Kriterien habe; **Berkeley**
selbst meint deren vollkommen ausreichende zu besitzen,
ohne doch, was ihm **Kant** 4) fälschlich unterstellt, einer
intellektuellen Anschauung oder der platonischen Ideen
zu bedürfen. — Nicht besser steht es mit dem 5. Punkt,
dem angeblichen Solipsismus **Berkeleys**. Hätte **Kant**
sich mit der Behauptung begnügt, dass derselbe in der
Consequenz der **Berkeley**schen Principien liege, so
wäre dagegen vielleicht nichts einzuwenden. **Berkeley**
war sicher eben so wenig zur Annahme der absoluten
Existenz anderer, uns analoger Seelensubstanzen, als der

unseres eigenen Ich berechtigt. Indessen, es handelt sich hier nicht um die Berechtigung, sondern um die Tatsache; und da muss doch constatirt werden, dass Berkeley jene absoluten Existenzen wirklich ansetzte; aus Gründen freilich, die wir als theologische bezeichnen mussten; nicht aber 6) in Folge der Vernachlässigung der Untersuchung des Zeitbegriffes.

Hier also liegt unser Problem. Angesichts dieser 6 Sätze, welche als Berkeleysche von Kant bekämpft werden, obgleich sie Jenem durchaus fremd sind, erhebt sich die Frage: welche Ursachen waren bei Kant zur Bildung so verkehrter Ansichten von Berkeleys Lehre wirksam? welche Quellen oder Gewährsmänner haben ihm dieselbe an die Hand gegeben?

9. Prüfen wir Kant aufmerksam, so tritt uns eine hinreichende Zahl innerer und äusserer Anhaltspunkte entgegen, welche entweder directe Antwort geben oder doch den Weg zur Beantwortung der aufgeworfenen Fragen zeigen können.

So muss es auffallen, dass die Abwehr des („empirischen" oder „materialen") Idealismus mehrmals mit der der Berkeleyschen Theorien eng verbunden auftritt, dass Berkeley gelegentlich schlechtweg diesen „verwerflichen" Idealismus repräsentirt. Die Schläge Kants galten offenbar in erster Linie nicht dem individuellen Berkeley, sondern der von ihm, als Typus, (in Kants Augen) repräsentirten Kategorie von philosophischen Systemen. Wenn wir die Sache so fassen, so wird auch verständlich, wie Kant trotz mannichfacher Uebereinstimmung zu der ganz befremdlichen Bitterkeit der Abwehr jenes Idealismus kam; wie er sich zu so grossem Eifer gespornt fühlen konnte, dass er nunmehr bemüht war, die Spuren seines Idealismus möglichst zu verwischen, oder doch seinen Anteil an dieser Theorie möglichst unverfänglich darzustellen. Es war gewiss mehr als die Furcht vor Gefährdung seiner Originalität, wie Schopenhauer meint, es war auch schwerlich (wenn überhaupt) Menschenfurcht allein; vielmehr glauben wir nicht zu irren, wenn wir als ausschlaggebend gewisse Ideen-Associationen annehmen, die sich ihm im Laufe seiner Entwickelung gebildet hatten, und beim Klang des Wortes Idealismus aus fremdem Munde wieder auftauchend in ihm die traditionelle Opposition wachriefen. Werfen wir nur einen Blick auf die Genesis derselben, so wird uns ihre Energie sofort verständlich.

Zu verschiedenen Zeiten hatte er die Gelegenheit ergriffen, sich mit den „idealistischen" Theorien auseinander zu setzen; und dieser Umstand ermöglicht es uns, ein ungefähres Bild von den Gestaltungen zu entwerfen, in welchen ihm der Idealismus entgegengetreten.

a. Die Idealisten leugnen die Realität der Körper. In dieser einfachen Form begegnet uns die Theorie zuerst in der Nova dilucidatio des Jahres 1755[1]). Später, 1766, in den „Träumen eines Geistersehers" zeigt sie sich in der abenteuerlichen Gestalt der Swedenborgschen Phantasmen. Auch hier ist die Negation dieselbe. Swedenborg heisst ihm ein Idealist, „weil er der Materie dieser Welt auch die eigene Substanz abspricht"[2]). Feiner unterscheidet dann die Kritik d. r. V. einen „dogmatischen" Idealismus, „der das Dasein der Materie leugnet", und einen „skeptischen" oder auch „problematischen", „der sie bezweifelt, weil er sie für unerweislich hält"[3]).

---

[1]) I, 394. — Es war die alte Formel, in welche der Idealismus z. B. auch schon bei Bülffinger (Dilucidationes philos. 1725, p. 111) gefasst wird: „Idealistae res existentes omnes faciunt spiritus; . . . . negant, existere extra mentem aliquid reale, quod ideis corporum respondeat."

[2]) II, 372.

[3]) III, 603. — Auch hierauf konnte ihn die Bemerkung Bülffingers führen (ib. p. 114): „dogmatici tamen sunt idealistae,

Zu phänomenalistischen Ergebnissen war er selbst schon in der Inauguraldissertation des Jahres 1770 gelangt; daselbst findet sich aber auch die Seite des Idealismus angedeutet, in welcher er den Hauptstein des Anstosses erblicken musste. Jene (er nennt hier die eleatische Schule, in der Kritik auch Platon) zerstören die Wissenschaft von der Erscheinungswelt, sie halten eine solche nicht für möglich [1]).

b. Hand in Hand mit solchen Negationen hatte er die ausschweifendsten Fiktionen gehen sehen. Als Ersatz für die zerstörte Sinnenwelt hatte Platon[2]) eine intelligible Welt und eine ihr entsprechende intellektuelle Anschauung angenommen und daran Theorien des Uebersinnlichen geknüpft, „wovon man kein Ende absieht"; seine Ideen aber nicht etwa auf das Praktische eingeschränkt, sondern auf die ganze Spekulation, Mathematik mit inbegriffen, ausgedehnt [3]). Ihm ziemlich nahe war dann Leibniz mit seinem intellektuellen System der Welt gekommen, wonach Raum und Zeit die intelligibeln Formen der Verknüpfung der Dinge an sich selbst, die Dinge aber intelligible Substanzen sein sollten. Auf ihn ward bekanntlich das Wort geprägt: „Leibniz intellektuirte die Erscheinungen" [4]). Auf Descartes ist wohl die Stelle zu beziehen (obgleich Aehnliches später Berkeley vorgeworfen wird), wo am empirischen Idealismus die Annahme des absoluten Raumes getadelt; und

---

quatenus affirmant (de spiritibus existentiam realem); et negant (eandem de corporibus): non dubitant." Bülffinger selbst schied noch nicht in Kants Weise; aber sein „non dubitant" deutet doch die Möglichkeit und Richtung einer neuen Scheidung an.

[1]) II, 405; vgl. IV, 122.
[2]) So urteilte Kant gemäss der traditionellen Vermischung des wahren und des alexandrinischen Platonismus.
[3]) III, 561; V, 147; IV. 123a; VI. 467; III, 257a.
[4]) III, 231; 234.

die Inkonsequenz gerügt wird, dass derselbe trotz seines Bedenkens gegen das Dasein ausgedehnter Wesen die Erscheinungen des inneren Sinnes als wirkliche Dinge gelten lasse [1]. Bei Swedenborg hatte er die Hypothese gefunden, dass der Zusammenhang der Erscheinungen der sogenannten Körperwelt vielleicht „aus einer Verknüpfung der Geisterwelt" entspringe [2]. Malebranche hatte dafür Gott eingeführt [3]; den nicht minder Platon wie Leibniz ins Spiel brachten; Ersterer indem er die Ideen „Urbilder im göttlichen Verstande" sein liess und eine mystische Deduction derselben versuchte [4]. Letzterer indem er der Gottheit zur Vermittlung der Gemeinschaft der Substanzen bedurfte [5].

c. Kurz: Diskreditirung der Erscheinungswelt, Leugnung oder Bezweiflung der Aussenwelt. Untergrabung der Wissenschaft einerseits, und Ansetzung einer intelligiblen Welt nebst intellektueller Anschauung, Einmischung des deus ex machina. Mystik und Schwärmerei andererseits — dies etwa waren die Vorstellungen, die sich Kant mit dem Namen des Idealismus allmälig associirt hatten, und um derentwillen ihm dieser Name einen so üblen Klang zu haben schien [6].

Dies allein hätte genügt, um seine Empfindlichkeit gegen eine Verwechslung seines Standpunktes mit dem eben charakterisirten zu erklären, zumal wenn wir berücksichtigen, dass bei Beiden manche Elemente wirklich übereinstimmten, die Gefahr der Verwechslung bei oberflächlicher, nur stückweiser Betrachtung also nicht ganz

[1] III, 347.
[2] II, 372.
[3] II, 417; VIII, 690.
[4] VI, 467; III, 258a; VIII, 690.
[5] III, 208.
[6] S. Anhang S. 45.

ausgeschlossen war. Aber noch ein weiteres, beachtenswertes psychologisches Moment kommt hinzu.

10. Kant selbst war zu keiner Zeit ganz frei von den mystischen und schwärmerischen Anwandlungen, die er jenen Idealisten so sehr übel nahm. Bekennt er doch in Betreff seiner „Träume eines Geistersehers" in einem an Mendelssohn gerichteten Brief: „Es schien mir . . . am ratsamsten, Anderen dadurch zuvorzukommen, dass ich über mich selbst zuerst spottete, wobei ich auch ganz aufrichtig verfahren bin, indem wirklich der Zustand meines Gemüts hiebei widersinnig ist, und, sowol was die Erzählung [der Visionen Swedenborgs] anlangt, ich mich nicht entbrechen kann, eine kleine Anhänglichkeit an die Geschichte von dieser Art, als auch, was die Vernunftgründe betrifft, einige Vermutung von ihrer Richtigkeit zu nähren, ungeachtet der Ungereimtheiten, welche die erstere, und der Hirngespinnste und unverständlichen Begriffe, welche die letzteren um ihren Wert bringen"[1]). Und wenn er seinen in jener Schrift vorgenommenen Versuch der Darstellung einer systematischen Verfassung der Geisterwelt in dem angeführten Briefe nicht als ernstliche Meinung gelten lassen will, sondern nur als „ein Beispiel, wie weit man . . . in philosophischen Erdichtungen fortgehen kann, wo die Data fehlen"[2]), so werden wir bei einem Vergleiche mit der späteren „Idee einer moralischen Welt" und dem „corpus mysticum der vernünftigen Wesen" der Kritik d. r. V.[3]) in jenen Ansätzen wol etwas mehr als bloss philosophische „Erdichtungen" oder Spielereien zu sehen haben, wol auch hierbei den widersinnigen Zustand des Gemütes annehmen dürfen. Findet sich Aehnliches

---

[1]) VIII, 673.
[2]) VIII, 675.
[3]) III, 534 f.

doch auch in der Inauguraldissertation, wo er sich zwar bescheidet, weil er die engen Schranken des Erkenntnissvermögens respectirt, aber nicht ohne sich zuvor eine Abschweifung ins mystische Gebiet gestattet zu haben, deren Aehnlichkeit mit Malebranches Ansichten er dort selbst hervorhebt[1]. Und hinter jener Tendenz, die seine ganze kritische wie nachkritische Periode durchzieht, jener Bemühung, Metaphysik zu retten und die Wege zu deren drei Endzielen, zu Gott, Freiheit und Unsterblichkeit zu bahnen, die ihm den bedenklichen Mut eingibt, das Wissen aufzuheben, um zum Glauben Platz zu bekommen[2], was liegt dahinter Anderes als ein Stück Mystik und Schwärmerei?

Das mehr oder weniger klare Bewusstsein der Verwundbarkeit an dieser Stelle konnte natürlich seine Empfindlichkeit nur steigern. Es musste ihm um so mehr und vor Allem daran gelegen sein, den wissenschaftlichen Wert seines Systems, die sorgfältige Abgrenzung des Gebiets, auf welchem allein Wissen möglich, anerkannt zu sehen. Statt dessen erlebte er es, dass Hamann ihm ins Angesicht seine Mystik vorhielt[3], und dass sein Göttinger Recensent in der Kritik d. r. V. gar nur „höheren Idealismus" sah. Damit konnte nur jener alte, der „empirische" gemeint sein. Sofort wurden die alten Ideenassociationen wieder lebendig. Die Mystik versucht er seinen Gegnern, den Idealisten, zuzuschieben; gegen den zweiten Vorwurf jedoch ver-

---

[1] II, 416 f.
[2] Vorrede zur Krit. d. r. V., II. Aufl., (III, 25.)
[3] In einem Brief an Herder vom 2. Adv. 1781 schreibt Hamann: [Kant] „war sehr vertraut mit mir, ungeachtet ich ihn das vorige Mal ein wenig stutzig gemacht hatte, da ich seine Kritik billigte, aber die darin enthaltene Mystik verwarf. Er wusste gar nicht, wie er zur Mystik kam." H's. Schriften und Briefe, ed. Petri, III, 494.

wahrt er sich heftig: Der Idealismus, sagt er mit Recht, sei gar nicht die Seele seines Systems; ja, später macht er seiner Entrüstung in dem Ausspruche Luft, es bleibe immer „ein Skandal der Philosophie und allgemeinen Menschenvernunft, das Dasein der Dinge ausser uns... bloss auf Glauben annehmen zu müssen, und, wenn es Jemand einfällt es zu bezweifeln, ihm keinen genugtuenden Beweis entgegenstellen zu können" [1]), und er erneuert einen schon 32 Jahre früher [2]) unternommenen Versuch, einen solchen gegen alle Angriffe gefestigten Beweis zu erbringen.

Aber es war ihm nicht genug mit diesem Kampf gegen einen so allgemeinen und fast nebelhaft vorgestellten Feind, wie den Idealismus überhaupt; er bedurfte gleichsam einer konkreteren Feindesgestalt, um mit deren Niederkämpfen seinen Unmut zu stillen. Für ein solches Schlachtopfer nun hatte die Recension gesorgt: Berkeleys Idealismus war (in einem Zusatze von Feder[3]), neben dem seinigen erwähnt worden. Dies reichte hin. Wie er sich diesen Gegner vorstellte, haben wir gesehen. Berkeley ward nun der Vertreter des überwundenen Standpunktes, und ward als solcher unter das Verdammungsschema gestellt, das, wie wir zu entwickeln versuchten, Kant sich aus allerlei Erinnerungsresiduen gebildet hatte. Natürlich fand dieser was er finden wollte: Berkeley war ein schwärmerischer und mystischer Idealist nach Art der Eleaten, Platons, Swedenborgs u. s. w. mit einem System voll Widersprüche und unhaltbarer Behauptungen.

11. Er sprach damit nichts Neues aus, folgte viel-

---

[1]) III, 29 a.
[2]) In der Nova dilucidatio, III, 1, 12. (I, 394).
[3]) Ueber die Autoren und Entstehung der Göttinger Recension gibt B. Erdmann a. a. O. p. XI. ff. ausführliche Nachricht.

mehr nur dem allgemeinen Vorurteil, mit welchem die gelehrte Atmosphäre damals erfüllt gewesen zu sein scheint. Konnte doch eines der angesehensten Blätter[1]) im Jahre 1782 eine Anzeige der ein Jahr zuvor erschienenen deutschen Uebersetzung des I. Bandes von Berkeleys Schriften veröffentlichen, die in ihrer unglaublichen Kurzsichtigkeit, der Selbstzufriedenheit, mit welcher sie über Berkeley aburteilt, zu charakteristisch ist, als dass sie nicht hier eine Stelle verdiente. Der Recensent[2]) fürchtet, es möchten Berkeleys „so tiefsinnige, oder wenn man lieber will, spitzfindige Gespräche zwischen Hylas und Philonous . . . zu wenig nach dem Geschmack und dem Fassungsvermögen unseres lesenden Publikums eingerichtet sein. In diesen Gesprächen findet man Berkeleys gemeinen Wahrheitssinn, [sic!] oder das den sogenannten Bonsens so sehr empörende und verwirrende idealistische System, dass unter hundert Lesern kaum einer sein mag, der die Geduld hat, die Gründe des Philosophen geruhig anzuhören, und nicht vielmehr ein Raisonnement, das der Materie und der ganzen Körperwelt alle äussere und für sich bestehende Existenz abspricht und ihr nur in einem Geiste, vermittels der Ideen, die er von Materie und Körper hat, eine Art von Dasein einräumt, nicht als Unsinn, und als einen auffallenden Beweis von den Verirrungen der Philosophen ansehen, und ein Buch, das solche Träumereien enthält, mit Unwillen wegwerfen sollte. Die wenigen spekulativen Köpfe unserer Nation, die hierin weiter und tiefer sehen, kennen dies System so schon, dass es kaum nötig scheint, für diese zu übersetzen." Die Berkeleysche Hypothese sei für einen consequenten Philosophen kein haltbarer Posten; sie führe entweder zum

---

[1]) Allgemeine deutsche Bibliothek, Berlin und Stettin, Bd. 52, 1.
[2]) Er unterzeichnet mit Sg. Vielleicht Spalding?

äussersten Egoismus, oder zurück zum Leibnizischen Idealismus „oder vielmehr Spiritualismus (denn Leibniz begnügt sich nur die Materie zu spiritualisiren¹), er will sie nicht vernichten)." „Ich müsste sehr irren," sagt er weiterhin, „oder diejenigen Gründe, wodurch Berkeley sich von der Wirklichkeit der Materie nicht überzeugen kann, müssten auch unzureichend sein, ihn von dem Dasein eines dem seinigen ähnlichen Geistes, etwa eines Freundes, mit dem er sich unterredet... zu überzeugen." Diese Stellen ergeben sogar mehr als eine Illustration der damals herrschenden Berkeley feindlichen Stimmung: ausser dem abschätzigen Tone, dem wir ja auch bei Kant wieder begegnen, und der wolmeinenden Warnung vor dem unfruchtbaren Studium Berkeleys, das er sich ernstlich zu Herzen nehmen mochte, auch directe Angaben von Berkeleys Lehren: von seiner Verwerfung der absoluten Existenz der Materie, und deren Reduction auf unsere Vorstellungen. Zudem ist der Hinweis auf den Solipsismus, zwar nicht als wirkliche Meinung Berkeleys, doch als notwendige Consequenz seiner Prinzipien, wol zu beachten. Wir erinnern uns: Kant stellte ihn geradezu als Berkeleysche Lehre hin.

Wie sehr übrigens der Referent mit seiner Berufung auf die „wenigen speculativen Köpfe unserer Nation" im Irrtum war, wie weit entfernt diese waren, Berkeleys System klar zu erfassen, zeigt recht auffällig Platners Beispiel, der in seiner Darstellung desselben offenbar Malebranchische Züge mitunterlaufen lässt. So wenn er sagt: „Der Bischof Berkeley machte zuerst den Idealismus demonstrativ, und zeigte, dass die Gottheit uns nicht täusche, wenn auch keine Materie existirte — denn es existire allerdings etwas ausser

---

¹) S. Anhang, S. 56 Anmerkung.

uns, aber dieses Etwas seien die göttlichen, in unserem Geist wirkenden Ideen"[1]). An welcher Auffassung er selbst dann noch festhielt, als bereits das objective und zutreffende Referat in Stäudlins „Geschichte und Geist des Skepticismus"[2]) erschienen war; denn gerade an der Stelle, wo er Kant zu berichtigen versucht, stellt er die Behauptung auf, „dass der Berkeleysche Idealismus, indem er ... unsere Vorstellungen von einer materiellen Welt als Anschauungen der göttlichen Idee einer materiellen Welt betrachtet, weit entfernt ist von der Behauptung, dass diese Vorstellungen kein Object haben, und sich von einem blossen Traume nicht unterscheiden lassen"[3]). Wenn historisch so wol orientirte Männer, wie Platner, unter dem Banne des allgemeinen Vorurteiles ihre Unbefangenheit einbüssten[4]), wie sollten wir es dann Kant verdenken, bei welchem jene Voraussetzung wenig zutrifft.

12. Von vornherein sollte man glauben, dass der Mann in seiner unmittelbaren Nähe, der einst schon seine Bekanntschaft mit Hume vermittelt hatte, der eine so ausgedehnte Kenntniss der fremden Litteraturen besass, ganz wol auch der Vermittler eines genaueren Eindringens in Berkeley hätte sein müssen. Wir meinen Hamann. — Suchen wir uns zunächst über dessen Auffassung Berkeleys zu unterrichten! Leider bieten uns die Quellen wenig und unsichere Anhaltspunkte. Aus einer brieflichen Aeusserung scheint hervorzugehen, dass er für die historische Stellung Berkeleys den richtigen Blick gehabt haben dürfte: „Soviel ist gewiss", schreibt er an Herder am 20. April 1782, „dass ohne Berkeley

---

[1] Philos. Aphorismen, II. Aufl. 1784. I. 318.
[2] Leipzig 1794.
[3] Lehrbuch der Logik. S. 125.
[4] S. Anhang S. 46.

kein Hume geworden wäre, wie ohne diesen kein Kant"[1]). Da könnte denn auch die Bezeichnung Berkeleys als des „eleatischen, mystischen und schwärmenden"[2]) eine gewisse Bedeutung gewinnen — wenn sie wirklich von ihm selbst und im Bewusstsein ihrer Anwendbarkeit auf Berkeley geprägt wurde. Derselben Ausdrücke bediente sich Kant schon 1783 in seinen Prolegomenen, während sie sich bei Hamann erst in der ein Jahr nach Erscheinen der Letzteren abgefassten Schrift „Metakritik über den Purismus der reinen Vernunft" nachweisen lassen. Da nun Hamann auch sonst mitunter kein allzu klares Urteil in philosophischen Dingen bewies, so wäre es nicht unwahrscheinlich, dass er die Prädikate aus Kant herübergenommen (auch die Häufung der Ausdrücke, die bei Kant vereinzelt, hie und da, höchstens zu zwei vorkommen, könnte für diese Vermutung sprechen), womit freilich der wunderliche Fall eingetreten wäre, dass der Kenner (oder der es den Umständen nach hätte sein sollen) sich vom Nichtkenner erst die Augen hätte öffnen lassen. Nehmen wir aber auch an, die Bezeichnungen rührten von Hamann selbst her, so lassen sie doch nur die allerallgemeinsten Schlüsse auf seine Kenntniss Berkeleys zu. Im „Ideal" der Kritik der reinen Vernunft hatte Hamann einst Mystik gefunden[3]); wenn er nun auch Berkeleys Philosophie als mystisch bezeichnete, so wird sich dies hiernach auf deren steten Recurs auf Gott beziehen. Was er mit dem Vorwurf der Schwärmerei meinte, ist schwerer

---

[1]) A. a. O. III, 503.
[2]) Ebd. IV, 27.
[3]) In einem Brief an I. F. Reichardt vom 25. Aug. 1781 fragt er: „Nun, was sagen die Herren Metaphysiker an der Spree zur preussischen Kritik der reinen Vernunft, welche eben so füglich Mystik hätte heissen können, wegen ihres Ideals?" A. a. O. III, 486.

zu bestimmen, erfahren wir erst, dass er auch in Kants transscendentaler Aesthetik dergleichen erblickte[1]). Sehr vage ist endlich das Prädikat „eleatisch". Es kann ganz allgemein bedeuten, dass Berkeley auf Grund von Widersprüchen, die er in der Erfahrungswelt zu entdecken meinte, zur Lehre von der Phänomenalität der Dinge gekommen sei; es könnte darin aber auch (das Betonen der Nachwirkung Berkeleys auf Hume bringt uns auf den Gedanken) der spezielle Hinweis auf das Problem der unendlichen Teilbarkeit des Raumes und der Zeit liegen. Indess mit solchen leeren Möglichkeiten ist uns nicht gedient. Keinenfalls hat Hamann zur Aufklärung Kants über Berkeley Viel beigetragen; und das Bild, welches Kant aus den beigebrachten deutschen Berichten (soweit sie ihm überhaupt vor Augen gekommen) von Berkeleys Lehre erhalten konnte, war (beziehungsweise blieb auch dann noch): Die Körperwelt ist nur Schein. Wahrheit ist demnach nur in den göttlichen Ideen, der theoretische Solipsismus (Egoismus) aber liegt mindestens in der Consequenz der Berkeleyschen Principien[2]).

13. Diese (und ähnliche) Quellen erklären zwar gewisse allgemeine Merkmale, die Kant von Berkeley anzugeben weiss, reichen aber nicht für Alles aus, namentlich nicht für die verschiedenen Einzelheiten, die Kant reichhaltigeren Berichten entnommen haben muss. Glücklicherweise fehlt es auch hierfür bei ihm nicht an deutlichen Fingerzeigen. Wir glauben nämlich annehmen zu dürfen, dass Kant von Berkeley, obgleich er denselben mit Namen erst nach der vielge-

---

[1]) An Herder, den 10. Mai 1781: „ohne es zu wissen, schwärmt er ärger als Plato in der Intellektualwelt über Raum und Zeit." Ebendas. III, 472.
[2]) S. Anhang S. 46.

nannten Göttingischen Recension in den Prolegomenen u. s. w. anführt, und es durchaus nicht sicher ist, ob er ihn früher an gewissen Stellen, z. B. der Paralogismen[1]), im Sinne gehabt, dennoch schon viel früher aus einem sekundären Bericht eine gewisse Kenntniss gewonnen habe: nämlich aus Hume. Nicht nur darf es als ausgemacht gelten, dass die Inauguraldissertation und mit ihr der ganze kritische Standpunkt Kants wesentlich aus der Opposition gegen Hume hervorgegangen ist: selbst einzelne Abschnitte des Inquiry lassen sich nachweisen, aus denen Kant den Anstoss zu dem ihn so lange beschäftigenden reformatorischen Gedankengang gewonnen hat. Nicht der wenigst fruchtbare ist jedenfalls der II. Abschnitt der XII. Abteilung („Ueber die akademische oder skeptische Philosophie"), wo sich die Keime zu den Antinomien, die im Begriff des Unendlichen verborgenen Schwierigkeiten, die Widersprüche, die sich aus der Annahme der unendlichen Teilbarkeit des Raumes und der Zeit ergeben, die Bedenken gegen die unbedingte Anwendung der Mathematik auf die Erscheinungen und A. m. finden[2]). Dieser Abschnitt hängt jedoch zu eng mit dem vorhergehenden, der die verschiedenen sogenannten skeptischen Systeme bespricht, zusammen, als dass ein Leser, der, wie wir von Kant voraussetzen müssen, den ersteren genau kennen gelernt, den letzteren hätte überschlagen können. Dort werden die Grundlagen der Skepsis aufgezeigt, hier die bedenklichen Consequenzen untersucht und zurückgewiesen. Dort aber, und zwar am Schluss des Abschnittes ist von Berkeley die Rede. Was konnte Kant daraus entnehmen? Er fand Jenem Folgendes in den Mund

---

[1]) Krit. d. r. V. (III, 603).
[2]) S. Anhang S. 47.

gelegt: „Alle neueren Forscher erkennen einstimmig an, dass die sinnlichen Eigenschaften der Gegenstände ... nur von sekundärer Natur sind, nicht in den Dingen selbst bestehen, sondern bloss als Vorstellungen in der Seele, ohne dass ein äusseres Urbild oder Muster ihnen entspricht. Wenn dies für diese Eigenschaften anerkannt wird, so muss es auch von den angeblichen primären Eigenschaften der Ausdehnung und Undurchdringlichkeit gelten, und letztere haben nicht mehr Recht auf diesen Namen als die ersteren. Die Vorstellung der Ausdehnung wird nur durch Sehen und Fühlen erworben, und wenn alle von den Sinnen wahrgenommenen Eigenschaften nur in der Seele und nicht in dem Gegenstande sind, so gilt derselbe Schluss auch für den Begriff der Ausdehnung, welcher ganz von den Wahrnehmungen oder Vorstellungen der sekundären Eigenschaften abhängig ist. — Nichts kann uns vor diesem Schlusse schützen, als die Behauptung, dass die Vorstellungen dieser primären Eigenschaften durch Abstraction gewonnen werden: eine Meinung, welche indess bei genauerer Untersuchung als unverständlich, ja widersinnig sich ausweist. Eine Ausdehnung, welche weder sichtbar noch fühlbar ist, kann nicht gedacht werden, und eine fühlbare oder sichtbare Ausdehnung, welche weder weich noch hart, weder weiss noch schwarz ist, geht ebenso über die menschlichen Begriffe"[1]). Zudem konnte er daselbst erfahren, dass Berkeleys Schriften die beste Anleitung zum Skepticismus geben. — Es war hier eine ganz ergiebige Fundgrube für Kant. Was er von den Sätzen,

---

[1]) D. Hume. Eine Untersuchung in Betreff des menschlichen Verstandes. Uebers. v. Kirchmann, philos. Bibl. XIII, 1869, S. 142 f. (Ich habe mir erlaubt, die Humeschen Termini primär, sekundär, Abstraktion als zur allgemein recipirten Terminologie gehörig den entsprechenden Kirchmannischen zu substituiren.)

die er **Berkeley** zuschrieb, direct hieraus entnehmen konnte, lässt sich kurz dahin zusammenfassen: Die Raumvorstellung ist empirisch; sie wird aus den Erscheinungen aufgelesen, existirt nicht absolut. Die sogenannten sekundären und primären Qualitäten sind gleich phänomenal. Aber auch noch zu manchem Anderen, das nicht gerade hier stand, konnte er Andeutungen gegeben glauben. So fand er kein Apriori, keine Angabe, worauf **Berkeley** die Gesetzmässigkeit der Phänomene gründete. Dies mit dem empirischen Character der Raumvorstellung und der blossen Phänomenalität der Qualitäten zusammengehalten, konnte ihn wol auf den Schluss bringen, dass für **Berkeley** alle Dinge nur Schein seien. Die Leugnung von Dingen an sich war dort weder unzweideutig ausgesprochen, noch auch notwendig zu folgern [1]); aber ebensowenig waren Anhaltspunkte dafür gegeben, dass **Berkeley** an ihnen festgehalten hätte; für **Kant** genügten die Data, diese Leugnung aus ihnen herauszulesen. Ferner war hier in der Tat die Zeit unberücksichtigt geblieben; unter allen den schwankenden Phänomenen schien also doch noch das Ich eine absolute Existenz zu bewahren, womit denn der Schluss auf den theoretischen Solipsismus wenigstens nahe gelegt war [2]). Und obgleich **Hume** mit keinem Worte **Berkeleys** metaphysischen Principes, Gottes, auch nicht seiner geistigen Substanz gedenkt, so blieb für **Kant**, der nun wol einer objectiven Betrachtung nicht mehr fähig war, nach Massgabe jenes ihm vorschwebenden Schemas nur die Annahme übrig, **Berkeley** habe die Wahrheit in den „Ideen der reinen Vernunft" gesucht. Derselbe fiel hiernach und in An-

---

[1]) Der Schluss auf die Nichtexistenz, oder vielmehr Indifferenz derselben fehlt in der **Sulzer**ischen Uebersetzung von 1754.
[2]) S. Anhang S. 51.

betracht aller übrigen gravirenden Indicien unter die Rubrik: platonischer Intellektualphilosoph.

So liesse sich auf dem Boden unserer Voraussetzungen Kants Anschauung von Berkeley in ihren Hauptzügen fast gänzlich aus dieser einen Quelle ableiten. In welchen Zeitpunkt die Bildung dieser Anschauung fällt, ob sie auf Erinnerungen etwa aus dem Jahre 1769 (wo die Humeschen Probleme, also vielleicht auch der Jnquiry, von neuem an Kant herangetreten waren) beruhte, oder auf abermaliger Einsicht der Stellen, ist für uns unerheblich: in beiden Fällen war Kant bereits zu sehr beeinflusst, war er in seiner vorgefassten Meinung durch die angeführten und noch weiter anzuführende Berichte, von denen sich mit mehr oder weniger Wahrscheinlichkeit annehmen lässt, dass sie ihm zu Gesicht gekommen, so sehr bestärkt worden, dass er auch Humes Worte nicht mehr unbefangen zu deuten wusste.

14. Nun hatte ihn seine Beschäftigung mit Hume, wie aus der Vorrede zu den Prolegomenen ersichtlich, auch auf „die Gegner des berühmten Mannes", auf Reid, Oswald, Beattie und Priestley geführt. Berücksichtigen wir aber, welche bedeutende Rolle Berkeley bei diesen spielt, wie speziell Reid aus einem anfänglich überzeugten Anhänger allmälig, erschreckt durch die Consequenzen des Systems, wie sie in Humes Treatise zu Tage kamen, in die strikteste Opposition trat; wie dann Beattie getreulich seinen Fussstapfen folgte, den Meister womöglich noch überbietend[1]); wie dagegen Priestley sich des Angegriffenen kräftig annimmt — so war es gewiss angezeigt, nachzuforschen,

---

[1]) Ueber Oswalds Stellung zu Berkeley war mir bis jetzt nicht möglich ein anderes Zeugniss beizubringen, als das Priestleys (S. 40), aus welchem hervorgeht, dass er eben nur in den von Reid und Beattie angeschlagenen Ton einstimmte.

inwieweit Kants Urteil auch von dieser Seite her bestimmt sei, wenn wir auch neue Daten von dorther weder erwarteten noch ihrer bedurften. — In Betracht kommen Th. Reid's Inquiry into the human mind, Beattie's Essay on the nature etc. of truth, Priestley's An examination of Reids inquiry etc.

Bevor wir diese Werke prüfen, erhebt sich die principielle Frage: war Kant des Englischen soweit mächtig, dass er dieselben im Original hätte lesen können? Borowski[1]) zählt zwar eine Reihe englischer Autoren, Dichter und Philosophen auf, welche Kant zum Teil mit Vorliebe gelesen habe; indess keinen, von dem nicht damals Uebersetzungen vorlagen. Die Citate aus Pope und Addison in der „allgemeinen Naturgeschichte des Himmels"[2]) sind deutsch, bei denen aus Pope ist sogar der Name des Uebersetzers, Brockes, angeführt. Wo Kant sich auf Priestley bezieht, kann er nur dessen Letters to a philosophical unbeliever im Auge haben, die ebenfalls schon 1782 in deutscher Uebersetzung erschienen waren, für unsern Zweck jedoch keine Ausbeute liefern. Wenn er nicht die Originalwerke gelesen, wäre zunächst an Uebersetzungen, abgesehen von unkontrolirbarer mündlicher Vermittlung (wir erwähnten in diesem Sinne schon Hamann) zu denken; und demgemäss müssten wir die Werke, von denen solche existirten, in erster Linie heranziehen.

15. Nun ist mir eine ältere deutsche Uebersetzung, die Kant in Händen gehabt haben könnte, nur von Beatties Essay bekannt. Glücklicher Weise sprechen mehrere Umstände dafür, dass Kant gerade dieses Werkchen zu Gesicht bekommen[3]). Der Ton freilich, in wel-

---
[1]) Darstellung des Lebens und Charakters I. Kants. Königsberg, 1804. S. 168 ff.
[2]) I., 207 ff.
[3]) Nicht nur, dass die besondere Hervorhebung dieses Namens,

chem hier von Berkeley gesprochen wird, hätte ihn misstrauisch machen sollen. Ein unparteiischer, zuverlässiger Berichterstatter hätte das nicht geschrieben, was da u. A. zu finden: „Ich habe viele Menschen gekannt, die Berkeleys Argumente nicht beantworten konnten; nie habe ich einen gekannt, der seine Lehre geglaubt hätte. Ich habe mit Leuten davon gesprochen, die in der Philosophie Fremdlinge waren, und von denen also zu vermuten stand, dass sie für keines der bekannten Systeme eingenommen wären; alle sagten, sie sei das verächtlichste Gewäsche, und man müsste nicht bei Sinnen sein, um sie zu glauben"[1]). Und was war dieses verächtliche Gewäsche? Es waren „Berkeleys Vernünfteleien gegen die Existenz einer materiellen Welt"[2]); es war die Lehre, „dass die äussere materielle Welt nicht existire"[3]), oder wie es drastischer einmal heisst, „die alle Körper aus der Welt schafft"[4]); ferner die Behauptung, die ihm hier, man könnte sagen, perfider Weise insinuirt wird: „wenn ich so in meiner Einfalt eine Frage tun dürfte, so möchte ich doch wissen: Was ist daran versehen, wenn ich bei meiner alten Meinung bleibe, und mit allen anderen Menschen glaube, dass ich nicht das einzige erschaffene Wesen in der Welt bin, sondern dass es neben mir noch viele

----

die besondere Abfertigung, die Beattie in der Vorrede zu den Prolegomenen zu Teil wird, auf eine genaue Kenntniss schliessen lassen; dass die Charakterisirung von Beatties Angriffen auf Hume durchaus auf diese Schrift passt; es hat sich auch durch ein glückliches Ungefähr ein Exemplar der deutschen Uebersetzung von 1772 erhalten, das ehemals Eigentum der Königsberger Universitätsbibliothek, seinen Weg in die Bibliothek zu Strassburg gefunden — wol gar das Exemplar, das Kant selbst in Händen gehabt?

[1]) Beattie, Versuch etc., 1772 S. 25.
[2]) a. a. O. S. 171.
[3]) ebd. S. 126.
[4]) ebd. S. 221.

andere gibt, deren Existenz ebensowenig von mir abhängt, als meine von der ihrigen?¹)" Dies heisst doch nichts Anderes, als mit Kants Worten: „Berkeley leugnet das Dasein aller Dinge, ausser dem des Behauptenden." Aehnliche — Missverständnisse kann man es kaum nennen, finden sich auch sonst noch. Eine bemerkenswerte Stelle darunter ist folgende: „Die gesunde Vernunft sagt mir, dass der Boden, auf dem ich stehe, hart, aus Teilen bestehend, und dicht ist, und eine wirkliche, eigene und unabhängige Existenz habe. Berkeley und Hume sagen mir, dass ich mich hierin irre; denn der Boden unter meinen Füssen sei wirklich eine Idee in meiner Seele; dessen Wesen bestehe nur darin, dass ich ihn denke; und in dem Augenblicke, da ich ihn nicht mehr denke, müsse er also auch aufhören zu sein; mit einem Worte, **sein und gedacht werden** wären, wenn man von Boden, Sonne, gestirntem Himmel, oder von irgend einem andern Körper redete, völlig gleichbedeutende Worte.... Mit einem Worte, wir müssen allen Unterschied zwischen Wahrheit und Unwahrheit leugnen, einen allgemeinen Skepticismus einführen, und aus einem Labyrinthe des Irrtums in das andere wandern; ein so elender Zustand der Seele, dass Milton ihn zu einer der Qualen der Verdammten macht" ²).

Wenn Kant nur einen Augenblick im Zweifel gewesen wäre, ob er Humes Bericht von Berkeley richtig gedeutet, — nach der Lectüre Beatties musste er in dieser Hinsicht völlig beruhigt sein. Denn hier fand er die wichtigsten Punkte unzweideutig bestätigt: Berkeleys Leugnung der objectiven Existenz der Dinge; dessen Solipsismus, der ihm namentlich noch etwas zweifelhaft hätte sein können; dessen Mangel einer Begrün-

---

¹) ebd. S. 218 f.
²) ebd. S. 41 f.

dung der Gesetzmässigkeit der Phänomene und daraus resultirender Unfähigkeit, zwischen Wahrheit nnd Unwahrheit zu unterscheiden. Ja, selbst die Annahme einer intelligibeln Anschauung schien bei Beattie heraus zu kommen, durch die geringfügig erscheinende Verwechselung [1]) des Berkeley'schen esse percipi mit Sein Gedacht werden. Kurz, fast Punkt für Punkt erkennen wir hier die Kantische Darstellung Berkeleys wieder, bis herab auf den geringschätzigen, wegwerfenden Ton, der in seinem „guten Berkeley" so vernehmlich nachklingt.

16. Wir könnten hiermit die Akten schliessen; denn was zu erklären war, dürfte durch die beigebrachten Stücke erklärt sein. Nur der Umstand, dass Kant noch die Namen Reids und Priestleys erwähnt, gebietet uns, der Vollständigkeit halber, versuchsweise auch auf diese noch einen Blick zu werfen. In Beziehung auf Reid nun lässt sich kein stichhaltiger Grund dafür angeben, dass Kant ihn gelesen [2]). Dass er ihn unter den Gegnern Humes nennt, kann nicht als solcher gelten. Reid trat mit seiner Opposition gegen Humes Causaltheorie in seinem Inquiry [3]) ganz und gar nicht in der von Kant charakterisirten Weise auf; wol aber passt die Schilderung auf Beatties Essay und Priestleys Letters. Die Proben von unverständiger Kritik Humes, die Kant in jener Vorrede beibringt, kann er nur aus diesen Beiden geschöpft haben [4]).

---

[1]) Ob Beatties oder des Uebersetzers, vermag ich nicht zu entscheiden, da mir die englische Ausgabe nicht zu Gebote stand.
[2]) S. Anhang S. 54.
[3]) Um den es sich hier allein handeln kann, da seine nächste Schrift, On the intellectual powers, erst 1785, also 2 Jahre nach Kants Prolegomenen, erschien.
[4]) Sehr bezeichnend ist es doch auch, dass er von Reid nichts weiter als dessen Namen in der Reihe der Gegner Humes anzuge-

Auch erklärt sich aus Priestleys angeführtem Werk zur Genüge seine Kenntniss der Beziehungen Reids und Oswalds zu Hume. Die Beiden treten hier [1]) nebst Beattie mehrfach gerade in solcher Zusammenstellung und als Hauptrepräsentanten der gegen Hume sich erhebenden Reaction auf.

Aber so sehr es klar ist, dass Kant Priestley kannte, so muss doch auch seine Benützung für unsern Zweck von Seiten Kants in Abrede gestellt werden. Wenn irgendwo, finden sich hier die Berkeley'schen Principien in ihrer richtigen Beleuchtung, und werden Berkeleys Gegner, namentlich Reid und Consorten, mit ihren wolfeilen Angriffen ad absurdum geführt. Hören wir nur die scharfe Abfertigung, die er Jenen zu Teil werden lässt: „Diese ganze Verschwendung von natürlichem Witz und Humor," behauptet er, „dreht sich um eine grobe Entstellung von Berkeleys Theorie...... Berkeley schloss mit der Materie nicht zugleich auch Empfindungen und Ideen aus seinem System aus, noch die notwendigen Verbindungen, die zwischen ihnen bestehen, oder unsere Macht über sie. Er schrieb ihnen nur einen verschiedenen Ursprung zu; so dass alle Verhaltungsregeln, die von ihnen abhängen, nach seinem System dieselben sind wie nach dem unsern. Nur unsere philosophische Ausdrucksweise ist verschieden. — Sage ich: da steht mir ein Pfosten im Wege und ich muss mich zur Seite wenden, oder ich renne wider ihn und verletze mich; so fürchtet er in der gleichen Lage die Gefahr ebensowol als ich, obschon er sich ausdrückt, er habe nur die Idee eines Pfostens vor sich; denn wenn er nicht die Idee

---

ben weiss, dagegen mit seiner Polemik sich ausdrücklich gegen den unbedeutenderen Beattie wendet.

[1]) Auch bei Tetens, philos. Versuche über die menschliche Natur, 1777.

eintreten lässt, dass er dieser ausweichen müsse, so ist er überzeugt, dass er eine sehr schmerzhafte Empfindung erfahren werde, welche noch anderweitige Empfindungen herbeiführen kann, bis gar der Tod selbst erfolgt. Ich mag zu seiner Ausdrucksweise lächeln, aber er ist mit sich in durchgängiger Uebereinstimmung, und seine Befürchtungen sind ebenso sehr begründet, als meine. — Jene Darstellung von Berkeleys Theorie, welche Reid, Beattie und Oswald gemein ist, und über welche diese sich und ihre Leser oft unvernünftig lustig machen, ist äusserst ungerecht; wird sie aber von Philosophen in Betracht gezogen, so muss das Lachen sich gegen diese selbst zurückwenden" [1]).

Hören wir zur Vervollständigung auch noch dies: „Die Hälfte aller Erdbewohner z. B. kann zur selben Zeit zum Himmel aufblicken, und Alle dabei dieselben Eindrücke empfangen. Alle sehen sie den Mond, die Sterne und Planeten genau in denselben Stellungen; selbst die Beobachtungen derer, welche sich der Fernrohre bedienen, stimmen mit äusserster Genauigkeit überein. Um dies nun zu erklären, sagt Bischof Berkeley, dass das göttliche Wesen, infolge des Beistandes, den es jedem Einzelgeiste leistet, deren Sensorien in derselben oder einer entsprechenden Weise ohne Vermittlung eines in Beziehung auf sie äusseren Dinges beeinflusse" [2]).

Wir haben hier in wenigen Worten den Kern der Berkeley'schen Lehre, allerdings auch seine Mystik: es kam so etwas wie Occasionalismus auf Grund des Immaterialismus heraus; aber von Ideen der reinen Vernunft oder sonstigem rationalistischen Apparat auch hier keine Spur; dagegen eine kräftige Betonung von Berkeleys Anerkennung sowol als Begründung der Natur-

---

[1] Priestley, an examination etc. II. ed. 1775, p. 53 ff.
[2] ebd. Einleitung LVIII.

gesetze. Wer seine Kenntniss Berkeleys hieraus entnahm, wusste sicher, dass dieser die Erscheinungen der Dinge nicht zu Einbildungen verflüchtigte, noch gar das Dasein anderer Wesen leugnete, dass es ihm ferner keineswegs an Kriterien der Erfahrung mangelte, wenn diese auch wahrscheinlich weit eher empiristischen als aprioristischen Charakters waren.

Hätte aber Kant dies lesen und dennoch an Reids, Beatties u. A. Verballhornung festhalten können? Hätte er nicht vielmehr dem auch sonst von ihm mit Achtung behandelten Priestley besonders vor Beattie, von dem er nach Massgabe jener Stelle der Vorrede zu den Prolegomenen offenbar keine hohe Meinung hegte, unbedingt Glauben schenken müssen? Angesichts solcher negativen Instanzen müssen wir auf die Verwertung dieser Quelle ebensowol wie Reids schlechterdings verzichten. Da sich aber keine weiteren Quellen mit irgend welcher Wahrscheinlichkeit zur Untersuchung darbieten, erübrigt uns, die Ergebnisse dieser Betrachtung zu einem kurzen Ueberblick zusammen zu fassen.

17. Subjective Nachklänge aus der Zeit seines früheren Kampfes mit dem Idealismus waren es in erster Linie, aus denen sich Kant eine Vorstellung der Lehre Berkeleys, den er als „Idealist" bezeichnet fand, gebildet hat. Die aus jenem Kampf erwachsenen Ideenassociationen hatten sich gewissermassen zu einem Verdammungsschema verdichtet, welchem der Idealist Berkeley unterstellt ward. Durch dieses Resultat hatten wir einen zuverlässigen Untergrund für die hierauf folgenden Nachweise gewonnen. Wir vermochten von Seiten Kants nur noch eine flüchtige Kenntnissnahme sekundärer Quellen (wir führten besonders Hamann auf deutscher, Hume und Beattie auf englischer Seite an) zu constatiren, welche den Kern zu jenem willkürlichen Gebilde hergegeben haben wird, das er dann den schwär-

merischen und mystischen Idealismus Berkeleys taufte. —

Kant dachte gering von der Geschichte der Philosophie; seine wegwerfende Aeusserung über die Gelehrten, „denen die Geschichte der Philosophie.... selbst ihre Philosophie ist" [1]), besagt mehr, als die Worte zu verraten scheinen; die Beschaffenheit seiner eigenen Geschichtskenntnisse liefert den Commentar dazu. In welch empfindlicher Weise sich dies an ihm rächte, tritt kaum an einem anderen Beispiel schärfer hervor, als an der Stellung, die er zu Berkeley einnehmen zu müssen glaubte. Ohne genügende historische Orientirung verfiel er einerseits um so leichter dem allgemeinen Vorurteil, andererseits hielt er die denkbar schwächsten Grundlagen für hinreichend, um von ihnen aus eine Polemik zu eröffnen, die fast an den Kampf mit einem Strohmann gemahnt, und obendrein eine gewisse Unsicherheit der eigenen Position zu Tage brachte. Beschränkte er sich doch nicht allein darauf, den Gegner zu bekämpfen, sondern liess sich im Verlaufe des Streites zu Modificationen des Inhaltes wie der Darstellung seiner eigenen Lehre bestimmen [2]), welche, mochten sie nun in der Consequenz seiner Principien gelegen haben oder nicht, jedenfalls ihre Ausbildung der Opposition gegen den zur Hälfte fiktiven Gegner verdanken.

Wir, an historische Betrachtung der Dinge gewöhnt, könnten geneigt sein, mit einem gewissen Gefühl mo-

---

[1]) IV. 3.

[2]) Wir erinnern an die veränderte Formulirung seines Idealismus, zumal das Hervorheben der realen Elemente; an den schon von Schopenhauer angemerkten Wegfall der Paralogismen in der II. Ausgabe der Kritik d. r. V. und dafür eingeschobenen, nicht sehr glücklichen Versuch einer Widerlegung des Idealismus, der nur ein neuer Beleg für seine Unkenntniss des Gegners ist, der ihm als Typus diente.

derner Ueberlegenheit auf diesen Spuk, der noch einen
Kant irreführen konnte, herabzusehen — erinnerten wir
uns nicht rechtzeitig, dass dieser selbe Spuk noch in
unseren Tagen sein Wesen trieb, nicht etwa trotzdem,
sondern gerade weil Kant ihm zum Opfer gefallen war.
Sollte es diesen Ausführungen gelungen sein, in den
Process, der sich hierbei in Kant abgespielt, einiges Licht
gebracht zu haben, so steht zu hoffen, dass nunmehr
auch Berkeley an den Woltaten einer historisch objectiven Beurteilung teilnehmen werde, und seine Kritiker sich auf seine authentischen Worte berufen werden,
nicht mehr auf Kant.

Anhang.

(Zu Seite 11.)

Es sei hier eines Versuches gedacht, Berkeley zum Aprioristen zu machen, der sich bei G. Spicker, Kant, Berkeley und Hume (Berlin 1875) findet, wo es S. 102 wörtlich heisst: „auch Berkeley hat gezeigt, dass Raum und Zeit a priori, d. h. rein subjectiv sind. Ja, seine ganze Philosophie kann man schlechtweg als absolute Apriroritätslehre bezeichnen. Raum und Zeit sind gerade wie bei Kant „reine Formen unserer Sinnlichkeit"... Die Verkehrtheit, die wir ihm [Kant] vorgeworfen, liegt nun darin, dass er ihm die Apriorität abspricht, während er ihn vielmehr des Mangels der Aposteriorität hätte beschuldigen sollen. Nicht aus Mangel an Apriorität, sondern aus Mangel an Aposteriorität verwandelt sich ihm die Welt in lauter Schein."

Damit gar keine Zweifel an dem Sinne dieser Worte bleiben, sagt Spicker auf derselben Seite und öfter geradezu, für Berkeley gebe es keine Erfahrung oder Wahrnehmung, „weil für ihn überhaupt keine Materie existirt."

Aus den im Texte beigebrachten Belegen dürfte unzweideutig hervorgehen: 1) dass Berkeley zwar die Subjectivität von Zeit und Raum annimmt, d. h. ihre Existenz ganz allein in den percipirenden Geist setzt, aber dennoch 2) sie mitsammt den Ideen uns von aussen vermittels der sinnlichen Wahrnehmung zukommen lässt. Dass das Wie „schlechterdings nicht zu begreifen" sei (Spicker a. a. O.), ist ein Argument, das für Berkeley leider zu spät kommt.

Sollen wir H. Spicker glauben, so hat Berkeley schon eine Art Fichte'schen Idealismus mit weltschöpferischem Ich gelehrt. Denn S. 108 versichert er alles Ernstes: „Wäre ich nun selbst die Ursache meiner Empfindung, die das einzige Medium ist, wodurch ich mit der Aussenwelt in Contact komme und Kunde von ihr erhalte..., so komme ich gar nicht aus mir selbst heraus, sondern bewege mich beständig im Kreise meiner eigenen Subjectivität. Dies ist genau der Standpunkt eines Berkeley und Leibniz." Wirklich ganz genau? trotz sec. 29, 30 u. A. m. der Berkeley'schen „Principien"? Hätte H. Spicker doch wenigstens Kant mit seinen Vorwürfen verschont, dass er „nicht einmal den Berkeley... sich hinlänglich zur Kenntniss gebracht."

(Zu Seite 22.)

Wir haben uns im Texte nicht weiter über Malebranche auslassen können, als die directen Anknüpfungspunkte bei Kant es geboten; doch müssen wir wenigstens an dieser Stelle die Vermutung aussprechen, dass die auffällige Verbindung von Cartesianismus und Platonismus in Kants Charakterisirung des empirischen Idealismus im Wesentlichen auf Nachwirkung Malebranches zurückgehe. Kants genauere Bekanntschaft mit Letzterem steht ausser Zweifel; S. 24 unseres Textes haben wir selbst seine vorübergehende Hinneigung zu demselben anzumerken. Die Merkmale des Idealismus, die wir S. 22, c. zur Uebersicht zusammenstellten, lassen sich fast alle selbst bei flüchtiger Durchsicht weniger Capitel von Malebranches Recherche wiedererkennen.

(Wir weisen besonders auf das VI. und X. Éclaircissement hin) ¹).

(Zu Seite 28.)

Nicht nur in Deutschland hatte Berkeley (von seinem Vaterlande ganz abgesehen) unter solchen Vorurteilen zu leiden. Versucht doch die Encyclopédie von Diderot & D'Alembert (an einer später mitzuteilenden Stelle), ihn unter die Solipsisten zu reihen, und heisst es doch in Holbachs Système de la Nature, Londres 1780, I., 158: „Que dirons-nous d'un Berkeley, qui s'efforce de nous prouver que tout dans ce monde n'est qu'une illusion chimérique; que l'univers entier n'existe que dans nous-mêmes et dans notre imagination, et qui rend l'existence de toutes choses problématique à l'aide de sophismes insolubles pour tous ceux qui soutiennent la spiritualité de l'ame?" Zu welchen mangelhaften Urteilen freilich einst Voltaire in seinem Dictionnaire philos. (1764 p. 81, Article: Corps) den Ton angegeben hatte.

(Zu Seite 30.)

Auffallenderweise hat Tetens in dieser Beziehung gar keinen Einfluss auf Kant zu üben vermocht. Seine „philosophische Versuche über die menschliche Natur" hat doch Kant, wie sicher verbürgt ist, nicht nur geschätzt, sondern auch gelesen; er hätte aber einige seiner hauptsächlichsten Irrtümer über Berkeley danach berichtigen können. Folgendes sind die wesentlichen Züge der Berkeleyschen Theorie, soweit dieselbe bei Tetens zur Erscheinung kommt. Als gut

---

¹) Sollten nicht auch Kants Angriffe auf die Aspirationen der rationalen Psychologie in letzter Linie auf Malebranche zurückgehen, der u. A. im XI. Éclaircissement gegen die Cartesianer den Satz durchzuführen sucht, „que nous n'avons point d'idée claire de la nature ni des modifications de notre ame"?

Berkeleyisch (und Humesch; denn B. und H. werden meist zusammen genannt) gilt ihm das Raisonnement Buffons, wonach die Seele den gesammten Empfindungskomplex nur als Modifikationen ihrer selbst erkenne, „so, dass das erste natürliche Urteil über die objectivische Existenz der Dinge das idealistische sei". (a. a. O. I., 377,) Dies nennt er ausdrücklich „noch nicht völlig Egoist sein". Ferner haben die Beiden nur „unserem Ich und seinen Beschaffenheiten" objectivische Wirklichkeit beigelegt, und behauptet, wir übertrügen Letztere ohne hinreichenden Grund auf die Dinge, denen nur als unmittelbaren Bewusstseinsinhalten Realität zukomme (ebd. 402, 405). Vor allem aber: „Hume und Berkeley erkannten die Unbezweifelbarkeit der notwendigen allgemeinen Grundsätze." (528.) „Selbst Berkeley ... hat von diesem Axiom der Vernunft, „dass ein werdendes Ding eine Ursache habe und haben müsse", Anwendung und Gebrauch gemacht". (Nur Hume habe solches als einen durchaus und notwendig allgemeinen Grundsatz bezweifelt.) (501.)

Dies stand also in schroffem Widerspruch zu Kants Unterstellungen, 1) dass B. die Erscheinungen in Schein verwandelt, 2) keine Kriterien der Wahrheit gehabt, 3) den Solipsismus gelehrt habe.

(Zu Seite 31.)

Diese Behauptung scheint mit den Ansichten hervorragender Kantphilologen, wie Paulsen und B. Erdmann, unvereinbar, wesshalb hier eine kurze Begründung folgen mag, zu welcher wir fast sämmtliche Daten den Schriften der beiden Genannten selbst entnehmen konnten.

Der Stand der Frage ist folgender: Paulsen constatirt in seinem „Versuch einer Entwicklungsgeschichte" etc. (Berlin 1875), S. 135 ff., dass 1769 ein

Einfluss Humes auf Kant stattgefunden habe, der sich freilich bei Letzterem wesentlich in der Opposition gegen Humes Empirismus etc. geäussert. B. Erdmann dagegen sieht in seiner Einleitung zu Kants Prolegomena (Leipzig 1878) keinen so frühen Einfluss, wol aber hebt er die Wichtigkeit, welche das Problem der Antinomien damals für Kant gehabt, gebührend hervor.

Diese Bedeutung der Antinomien gibt nun Paulsen in seiner Recension des Erdmannschen Buches (Vierteljahrsschrift für wissenschaftl. Phil. II., 4) bereitwillig zu, hält aber an dem ehemals nachgewiesenen Einflusse Humes auch jetzt noch fest.

Wir haben unsererseits im Text die Lösung dieser scheinbaren Differenz vorweggenommen, **indem wir den Einfluss der Antinomien eben auch auf die Rechnung Humes setzten.** Wir wiesen dort auf den Abschnitt des Inquiry hin, wo die Schwierigkeiten, die im Begriff des Unendlichen liegen, jenes Begriffes, der ja auch nach Erdmann (a. a. O. LXXXVI.a.) in der Inauguraldissertation „eine bedeutungsvolle Rolle spielt": wo die Probleme der unendlichen Teilbarkeit des Raumes und der Zeit aufgeworfen und in einer Weise gelöst werden, die ganz der in der Anmerkung II zur II. Antinomie der Kritik (III., 313, 315) charakterisirten entspricht. Nun vergleiche man die Aeusserungen Kants in den Dorpater Manuscripten (Erdmann LXXXVIIa.) mit denjenigen der Vorrede zu den Prolegomenen, die Erdmann (a. a. O. LXXXII., LXXXVa., Kant IV., 8; 87 f.) zusammenstellt. Dort erzählt er, er „versuchte es ganz ernstlich, Sätze zu beweisen und ihr Gegenteil" u. s. w. Das Jahr 69 gab ihm da „grosses Licht"; und weiter „der so dreist hingesagte Zweifel schien mir so sehr die Unwissenheit mit dem Tone der Vernunft zu sein, dass ich demselben kein Gehör gab."

Hier heisst es: „Ich gestehe frei: Die Erinnerung des David Hume war eben Dasjenige, was mir vor vielen Jahren zuerst den dogmatischen Schlummer unterbrach und meinen Untersuchungen im Felde der spekulativen Philosophie eine ganz andere Richtung gab. Ich war weit entfernt, ihm in seinen Folgerungen Gehör zu geben" ... und in Bezug auf die Antinomien: „Hier ist nun das seltsamste Phänomen der menschlichen Vernunft .... [es] tut sich ein nicht vermuteter Widerstreit hervor, der niemals auf dem gewöhnlichen dogmatischen Wege beigelegt werden kann, weil ... die Vernunft sich also mit sich selbst entzweit sieht, ein Zustand, über den der Skeptiker frohlockt." (Hume, Untersuchung, S. 145: „Die Vernunft scheint hier in eine Art von Staunen und Beklemmung versetzt zu sein; auch ohne die Angriffe des Skeptikers kann sie sich selbst und dem Boden, auf dem sie wandelt, nicht mehr vertrauen" u. s. w.) Erdmann fährt dann fort: „Schon aus dieser Bemerkung folgt als eine wahrscheinliche Vermutung, dass Kant selbst einmal, und zwar zu einer Zeit, als er noch die Erscheinungen für Dinge an sich hielt, also bis spätestens 1769, durch jene Antinomie in Nachdenken und Unruhe versetzt worden ist. Diese Vermutung gewinnt nicht wenig an Wahrscheinlichkeit, wenn man hinzunimmt, dass Kant in demselben Abschnitt von der Antinomie noch sagt: „Dieses Product der reinen Vernunft in ihrem transscendenten Gebrauch ist das merkwürdigste Phänomen derselben, welches auch unter allen am kräftigsten wirkt, die Philosophie aus ihrem dogmatischen Schlummer zu erwecken, und sie zu dem schweren Geschäft der Kritik der reinen Vernunft zu bewegen." Hier ist die Beziehung auf Hume so deutlich, dass kaum noch Zweifel an jener

Vermutung möglich ist. Zugleich aber fällt der eigentliche Umstand in's Auge, dass Kant hier .... jene Rolle des Erweckens aus dem dogmatischen Schlummer den Antinomien zuerteilt, die .... [an der früher mitgeteilten Stelle der Vorrede] in noch viel auffälligerer Weise dem Einfluss Humes zuerkannt wird." Wir aber fragen: Hätte Kant denn deutlicher erklären können, dass auch die Antinomien ihm durch Hume an die Hand gegeben worden? Wir wissen: die Keime zu denselben finden sich tatsächlich bei Hume. Nun berichtet Kant, er habe einst Sätze und ihr Gegenteil zu beweisen gesucht — die Antinomien — deren Auflösung er im Jahre 69. also vor Erscheinen der Dissertation, gefunden, da er skeptischen Lösungsversuchen kein Gehör hatte geben wollen: und er versichert — offenbar auf Grund eigener Erfahrung — dass nichts zur Erweckung aus dogmatischem Schlummer so geeignet sei. als eben dieses Antinomienproblem. Er berichtet dann andererseits nicht weniger ernsthaft. Hume sei es, der einst seinen dogmatischen Schlummer unterbrochen habe, jedoch sei er weit entfernt gewesen. dessen Folgerungen (wir dürfen ergänzen: skeptischen Folgerungen) Gehör zu geben. Paulsen bemerkt in der angeführten Recension sehr richtig. für Erdmann entstehe nun die Unbequemlichkeit, jene Erweckung aus dem dogmatischen Schlummer zweimal, zu verschiedenen Zeiten, stattfinden zu lassen, das erste Mal 1769 durch die Antinomien, das zweite Mal durch Hume. Aber warum sollen wir uns denn sträuben, um dieser Unbequemlichkeit zu entgehen, diese beiden Erweckungen in Einen Moment zusammenfallen zu lassen, da wir in Hume nun doch einmal auch den Mann der Antinomien erblicken müssen?

Noch ein Wort über das „grosse Licht" des Jahres 69. Nach Windelbands Auseinandersetzungen in der

Vierteljahrsschrift f. w. Ph. I., 234 ff. über den Einfluss der Nouveaux Essais von Leibniz auf Kant kann kein Zweifel sein, dass dieses Werk gemeint ist, das zwar schon 1765 erschienen, aber — man denke an Kants Abhandlung von 1768 „Von dem ersten Grunde" etc. — vor 69 Kant noch fremd geblieben war.

(Zu Seite 33.)

Freilich war es immer noch ein gewagter Schritt, die selbstgezogenen Schlüsse dem Autor zuzuschieben; aber man war damals, wie es scheint, überhaupt zu dieser Art von Consequenzmacherei geneigt. Wie wir im Text ausser Kant noch Beattie anzuführen haben werden, so hier das Beispiel der Encyclopédie (Dictionnaire raisonné, Livourne 1772, V., Article Egoiste), wo Berkeley aus keinem andern ersichtlichen Grund, als dieser leidigen Consequenzmacherei zum Solipsisten gestempelt wird. Es heisst da nämlich: l'égoisme est le Pyrrhonisme poussé aussi loin qu'il peut aller. Berkeley, parmi les modernes, a fait tous ses efforts pour l'établir .... Les égoistes sont en même temps les plus extravagants des philosophes et les plus difficiles à convaincre, car comment prouver l'éxistence des objets si ce n'est par nos sensations? et comment employer cette preuve contre ceux qui croyent que nos sensations ne supposent point nécessairement qu'il y ait quelque chose hors de nous? Par quel moyen les fera-t-on passer de l'existence de la sensation à celle de l'objet?

Es wird also nicht etwa ein ausdrückliches Zeugniss für Berkeleys Solipsismus beigebracht; man sah eben keinen andern Ausweg, als diese Extravaganz.

Damit verband sich die Classifikationssucht gelehrter Leute, die bei der Entwerfung der Abteilungen und Unterabteilungen für alles Mögliche und Unmögliche notwendig auch eine Unterabteilung Solipsismus (oder vielmehr Egoismus, wie man damals sagte) ausklügeln mussten. Sehr anschaulich ist dieser Vorgang bei Hennings „Geschichte von den Seelen der Menschen und Thiere" (Halle 1774, 144 a. f.): „Die Weltweisen", belehrt er uns, „werden in die Lehrenden (Dogmatiker) und in die Zweifelnden (Skeptiker oder Pyrrhonisten) abgeteilt.... Die lehrenden Weltweisen, welche allgemeine Wahrheiten verteidigen, sind Monisten oder Dualisten.... Jene geben nur eine Art von Dingen zu, und sind daher Materialisten oder Idealisten.... Denen Materialisten werden die Idealisten entgegen gesetzt, welche alles Körperliche leugnen, und bloss einfache Substanzen verteidigen. Sie begreifen unter sich die Egoisten und Pluralisten, von welchen Letztere mehrere einfache Dinge annehmen. Die Ersteren hegen die wunderliche Meinung, als ob sie ganz alleine die ganze Welt ausmachten. und leugnen dabei alle, folglich auch ihren eigenen Körper." Ganz klar war man sich doch nicht, wo der Idealismus aufhöre und der Solipsismus beginne. Es wird dies schon aus der obigen Stelle der Encyclopédie, beispielsweise auch aus Tetens ersichtlich, der einmal die Lehre von der einzigen Realität der Bewusstseinsmodifikationen eine idealistische, noch nicht völlig egoistische, ein andermal die der Hauptsache nach unveränderte selbe Theorie schlechtweg eine egoistische nennt (a. a. O. 411 f.) [1]).

Es fehlten eben die Beispiele zu dieser Classifikation; und als man nach solchen suchte, entstand erst recht grosse Not. Man behalf sich etwa mit den Opfern jener Consequenzmacherei; so geriet Berkeley

---

[1]) Spricht doch auch Platner in seinen philos. Aphorismen I., 280 von einem Cartesianischen Egoismus neben dem „idealischen" Berkeleys, Humes und Buffons.

hierher. Oder man begnügte sich mit Reminiscenzen einer offenbar unzulänglichen Kenntnissnahme, wofür Fülleborn in seinen „Beiträgen zur Geschichte der Philosophie" (1791—97, V 143 a) einen charakteristischen Beleg gibt. Er gedenkt da eines gewissen Brunet, dessen philosophische Schriften er kennen zu lernen wünscht — er kennt sie also noch nicht, wol blos vom Hörensagen, führt aber doch in positivem Tone fort: „Seine Philosophie war der unverholenste und entschlossenste Egoismus, der sich nur denken lässt."
Und dieses Hörensagen mag zusammen mit der unzweifelhaft vorhandenen Furcht vor dem Idealismus, der etwas Anrüchiges gehabt zu haben scheint, wol noch öfter hierbei eine Rolle gespielt haben. Bekennt doch Hennings im Verlaufe der obigen Stelle, „man hat zwar sehr gezweifelt, ob dergleichen Egoisten in der Welt vorhanden gewesen, dennoch finden sich in den Memoires de Trevoux 1713, p. 922, verschiedene Erzählungen von solchen Menschen." Die Stelle nun, auf die er (auch Lange, Gesch. d. Mat. I. 220, und Hamilton in seiner Ausgabe von Reids Werken VII. ed. supplementary dissertations, p. 988, nach welchem ich citire, da mir das Original nicht zu Gebote stand) sich stützt, lautet: „Un de nous connaît dans Paris un Malebranchiste, qui va plus loin que M. Berkeley; il lui a soutenu fort sérieusement, ... qu'il est très probable qu'il soit le seul être créé qui existe, et que non seulement il n'y ait point de corps, mais qu'il n'y ait point d'autre esprit créé que lui." Statt verschiedener Erzählungen also nur eine (Hamilton hätte sich gewiss nicht versagt, noch mehrere Beispiele zu erbringen, wenn er dort noch mehr gefunden hätte), und auch diese von so fragwürdigem Charakter, dass schon ein starker Glaube an die zu bestätigende Tatsache dazu gehörte, sie in Hennings Sinne zu verwerten.

Bei der Spärlichkeit der (mir zugänglichen) Quellen müssen diese Angaben genügen, um wenigstens einige Aufklärung über die Natur jenes Gespenstes zu geben, welches im vorigen Jahrhundert unter dem Namen des Egoismus in der philosophischen Literatur umging, und auch einem K a n t einmal erschienen und Schreck eingejagt haben muss.

(Zu Seite 38.)

So häufig R e i d auch B e r k e l e y erwähnt, geschieht es doch meist in ungenügender Weise in den allgemeinen Ausdrücken, die zur Charakterisirung der Idealisten überhaupt gang und gäbe waren. Uns interessiren desshalb ganz besonders zwei Stellen, an denen er etwas genauer als sonst auf B e r k e l e y eingeht. Im Verlauf der ersten, welche sich über den Cartesianismus („das neue System") und seine Weiterbildung verbreitet, heisst es: „D e s c a r t e s und L o c k e schlossen, dass Ton, Geschmack, Geruch, Farbe, Hitze und Kälte ... nicht Körpereigenschaften, sondern blosse Wahrnehmungen des Geistes seien. In der Folge entdeckte und bewies der scharfsinnige B e r k e l e y ... dass keinerlei Empfindung einer Qualität eines empfindungslosen Wesens, als welches ein Körper vorausgesetzt wird, gleichen könne; und hieraus folgerte er sehr richtig, dass derselbe Grund vorliege, Ausdehnung, Gestalt und alle die primären Qualitäten für blosse Empfindungen zu halten wie auch die secundären. Und so ward in Folge eines richtigen Schlusses auf Grund der Cartesianischen Principien die Materie aller ihrer Qualitäten entkleidet; das neue System wandelte vermittels einer metaphysischen Sublimation alle materiellen Qualitäten in Empfindungen um, und s p i r i t u a l i s i r t e d i e K ö r p e r, wie das alte den Geist materialisirt hatte ... Alle auf dem Boden des Cartesianischen Systems stehenden Schriftsteller versuchten, die Existenz einer materiellen Welt zu beweisen, bis

Berkeley klärlich die Nichtigkeit ihrer Beweise aufzeigte und daraus schloss, dass es nichts dergleichen wie eine materielle Welt gäbe, und dass der Glaube an eine solche als vulgärer Irrtum verworfen werden sollte... Dass unsere Gedanken, Empfindungen und Jegliches, dessen wir uns bewusst sind, eine reale Existenz haben, gilt in diesem System als oberstes Princip; aber alles Andere muss vermittels des Lichtes der Vernunft bewiesen werden" [1]. Einiges hiervon, wie die Subjectivirung aller Qualitäten der Materie, die Verwerfung der absoluten Existenz der Dinge — die allenthalben wiederkehrenden Hauptzüge des Systems — stimmt zu Kants Anschauung von Berkeley. Anders, und gerade die Punkte, welche diesem Bericht ein ganz besonderes Gepräge verleihen, wir meinen die eigentliche Formulirung des Berkeley'schen Phänomenalismus als Spiritualisirung der Körper, sodann die Einführung des Lichtes der Vernunft, erinnern wenigstens auffallend genug an gewisse Unterstellungen Kants, dass wir ihnen einige Aufmerksamkeit widmen müssen. Wir zogen bereits einmal [2] die Aeusserung der Kritik der r. V. heran, „Leibniz intellectuirte die Erscheinungen". Die Frage liegt nahe: sollte Reid den Anstoss zu dieser Bemerkung gegeben haben? Wir glauben es nicht. Was beide Fälle gemeinsam haben, ist eine gewisse Aehnlichkeit der Termini, weiter nichts. Dem Verstande kam es nach Leibniz zu, aus der verworrenen Anschauungsweise der Sinne die Dinge an sich auszusondern; der Unterschied zwischen Sinnlichkeit und Verstand war ihm, nach Kants Bezeichnung, nur ein logischer: der Verstand also war es in letzter Instanz, welcher anschaute. Und dies meint Kant an der an-

---

[1] Th. Reid works, ed. Hamilton VII. ed. 1872. I, 205 b. ff.
[2] S. 21.

gezogenen Stelle. Reid jedoch ist weit entfernt, Berkeley Aehnliches zuschreiben zu wollen; er sagt klärlich nichts anderes, als dass Berkeley die Realität aller Erscheinungen in das empfindende Subjekt verlegte, d. h. die Dinge nirgends sonst als in unsern Ideen (Vorstellungen) suchte. Der Ausdruck „spiritualisiren" hierfür ist gewiss kein glücklicher, und kann ausser dem Zusammenhang der betreffenden Stelle leicht missverstanden werden; wer aber innerhalb desselben in ihm etwas anderes sehen wollte, müsste es hineinlesen. Folglich ist in Kants Ausspruch kein Argument dafür, dass er Reids Werk gekannt, noch gar irrtümliche Schlüsse daraus in Betreff Berkeleys gezogen habe, zu sehen[1]). Anders scheint die Sache zu liegen, wenn wir das „Licht der Vernunft" berücksichtigen. Darin freilich musste der Rationalist auch wieder den puren Rationalismus ahnen. Vorher waren doch alle Dinge in Bewusstseinsinhalte aufgelöst und nur diesen Realität zuerkannt worden; nirgends jedoch findet sich bei Reid nur eine Andeutung davon, wie sich Berkeley die Gesetzmässigkeit im Flusse der Erscheinungen gedacht habe; da scheint denn das Licht der Vernunft eine rechte Aufklärung zu bringen und die Schlüsse, die Kant auf Grund der Humeschen, Beattieschen u. A. Berichte gezogen hatte, glänzend zu rechtfertigen. Aber so gefügig erweisen sich nicht alle Stellen, namentlich nicht die folgende, die wir ebenfalls ihrer verhältnissmässigen

---

[1]) Wie verhält es sich aber mit der auffallenden Wendung jener Recension in der Allgemeinen d. Bibl. (S. 27), wo es von Leibniz heisst, er begnüge sich, die Materie zu spiritualisiren? — Der Gedanke und die Beziehung auf Leibniz stimmt mit der ein Jahr vorher erschienenen Kritik d. r. V., der Ausdruck „spiritualisiren" (anstatt „intellectuiren" der Kritik) mit Reid überein. Wir gestehen, keine genügende Lösung geben zu können.

Ausführlichkeit und Ergiebigkeit halber heranziehen müssen: [Berkeley] „war kein Freund des Skepticismus, sondern hatte das warme Interesse für religiöse und moralische Prinzipien, welches seinem Stande zukam; gleichwol war das Ergebniss seiner Untersuchungen, dass es keine materielle Welt gebe — nichts in der Natur als Geister und Ideen, und dass der Glaube an materielle Substanzen und abstracte Ideen die Hauptursache aller unserer Irrtümer in der Philosophie und alles Unglaubens und Haeresie in der Religion sei"[1]). Hier also (und noch an mehreren anderen Orten) zeigt sich deutlich, welche absolute Existenzen bei dem Berkeleyschen Immaterialismus noch bestehen blieben: ausser meinem Geist auch die demselben analogen percipirenden Geister; und zudem wird auf den für Berkeley entscheidenden Grund hingewiesen: auf die religiösen Interessen, welche ihn vor allem beherrschten und gar solipsistische Tendenzen von vornherein undenkbar machten. Wer ihm also Letztere andichtete, konnte Reid nicht gelesen haben. An diesem einen Umstande scheitert jeder Versuch, Reids Inquiry zu unseren Zwecken ausbeuten zu wollen.

[1]) Ebd. 101 b.

Karlsruhe. Macklot'sche Druckerei.